LES GRANDES DATES DE L'HISTOIRE DE FRANCE EN PEINTURES

ISBN : 978-2-07-061188-1

Loi n° 49-956 du 16 juillet 1949
sur les publications destinées à la jeunesse
Dépôt légal : septembre 2007
N° d'édition : 148303

Imprimé en Espagne par Egedsa

LES GRANDES DATES DE L'HISTOIRE DE FRANCE EN PEINTURES

Béatrice Fontanel

GALLIMARD JEUNESSE

Au XIXe siècle et jusqu'à la guerre de 1914, les peintres d'histoire travaillaient sur d'immenses toiles pour représenter, avec un soin maniaque du détail… et souvent une certaine exagération dans la composition, les grandes dates de l'histoire de France. Ces tableaux devaient enseigner au public « les heures glorieuses de la nation et l'amour de la patrie ». Aujourd'hui grâce aux travaux des historiens, nous pouvons les observer avec un esprit plus critique. Mais cette vaste imagerie, qui semble encore résonner du bruit des sabots et du cliquetis des armures, nous aide à mieux connaître une grande dame qui n'apparaît jamais parmi les personnages, mais joue un tout premier rôle : la chronologie !

SOMMAIRE

☛ 52 AVANT J.-C.

VERCINGÉTORIX
se rend à Jules César

Le chef gaulois Vercingétorix arrive à cheval devant Jules César, le grand général romain. Il vient de jeter à terre ses armes et son casque pour signifier qu'il se rend. C'est la défaite d'Alésia. À cette époque, la Gaule ne formait pas un État. Elle comptait une soixantaine de peuples, qui souvent se faisaient la guerre. Ils avaient des noms qui aujourd'hui nous semblent extraordinaires. Ils s'appelaient les Volques Tectosages, les Carnutes, les Lingons, les Séquanes, les Éduens, les Pétrocores, les Leuques, les Bituriges... Vercingétorix, chef arverne (d'Auvergne), réussit un temps à rassembler une partie des tribus gauloises pour résister à l'envahisseur romain. Mais en 52 av. J.-C, il commet une erreur : il se retranche

dans la cité d'Alésia, une place forte campée sur un promontoire que l'on aperçoit sur la gauche du tableau. Jules César en fait le siège implacable. Vercingétorix est contraint de se rendre. C'est la fin de l'indépendance gauloise. Selon les historiens, la scène ne s'est sans doute pas exactement passée comme le peintre l'a représentée. Grâce aux recherches archéologiques, on sait aujourd'hui que Vercingétorix n'était pas vêtu ainsi. Il est aussi impossible que le chef gaulois soit arrivé à cheval et avec ses armes devant le général romain. L'artiste voulait sans doute mettre en valeur la fierté du Gaulois. Ce qui est certain, c'est que Vercingétorix fut emprisonné à Rome pendant six ans, puis exhibé au triomphe de César, ce défilé à la gloire du vainqueur, en septembre 46 ; enfin, selon la coutume, il fut étranglé. Avant la conquête romaine, la Gaule était déjà un pays fort peuplé, fertile et qui comptait des artisans habiles, inventeurs du savon, du tonneau, et même de la moissonneuse-batteuse, un pays où l'on savait fabriquer de beaux tissus et d'excellentes épées. Après la défaite d'Alésia, les Gaulois, tout en gardant leur originalité, allaient se frotter à la civilisation latine et c'est ainsi qu'ils devinrent des Gallo-Romains.

Vercingétorix jette ses armes aux pieds de Jules César,
Lionel Noël Royer, 1899

☛ 4 MAI 496

Le baptême de CLOVIS

À la chute de l'Empire romain, des peuples germaniques qui depuis longtemps, de l'autre côté du Rhin, regardaient avec envie les terres fertiles de la Gaule, décident de l'envahir. Parmi eux, Clovis, un chef franc, règne sur un petit royaume autour de Tournai (aujourd'hui en Belgique). Son objectif est de conquérir tout le nord de la France jusqu'à la Loire. Mais s'il est un guerrier redoutable, capable de tuer ses rivaux de ses propres mains, ce roi païen est aussi un habile politique. Il sait que les Gallo-Romains, devenus catholiques, sont sous l'autorité de leurs évêques et il veut se les concilier. Vers 493, il épouse Clotilde, une princesse chrétienne burgonde (un riche royaume qui déborde largement la Bourgogne

actuelle). À la naissance de leur premier enfant, Ingomer, Clovis accepte de le faire baptiser. Mais le bébé meurt peu après. « C'est votre baptême qui est la cause de sa mort. Si je l'avais consacré à nos dieux, il serait encore vivant ! » aurait reproché Clovis à son épouse. L'année suivante, un second fils, Clodomir, est malgré tout baptisé. Il dépérit à son tour, mais finalement se rétablit et survit. Vers 496, l'issue d'une bataille allait convaincre Clovis de se convertir à la religion chrétienne. À Tolbiac, près de Cologne, voyant que son armée est sur le point de fléchir devant ses ennemis les Alamans, Clovis invoque le Dieu des chrétiens et lui promet de recevoir le baptême s'il remporte le combat… ce qui advint. Les historiens ne sont pas certains de la date du baptême du roi franc : 496 ? 498 ? L'événement en tout cas est décrit par l'évêque Grégoire de Tours. De riches tapis ornaient la façade des maisons, des cierges innombrables brillaient dans les églises, l'encens fumait dans les encensoirs. Clotilde était présente. On la voit à droite du tableau. Le roi reçoit le baptême, puis c'est au tour de ses trois sœurs, Lantechilde, Audeflède et Alboflède, ainsi que trois mille de ses soldats. Par le baptême, Clovis n'est plus un chef de guerre païen, mais le premier roi barbare catholique d'Occident.

***Le Baptême de Clovis*, Jean-François Gigoux, 1850**
***Clovis, roi des Francs*, François Louis Dejuinne, 1835**

☛ 17 OCTOBRE 732

CHARLES MARTEL

repousse les Sarrasins

En 711, les Arabes – on les appelait aussi « Sarrasins » –, ces musulmans venus d'Orient, passent le détroit de Gibraltar. Trois ans plus tard, ils se rendent maîtres de presque toute l'Espagne où ils développent la civilisation la plus raffinée de ce temps. La cour des rois francs apparaît bien rustique en comparaison. Mais en 732, les Sarrasins pénètrent dans le royaume franc. Ils envahissent l'Aquitaine puis foncent vers Poitiers. À cette époque, les rois mérovingiens (les descendants de Mérovée, le grand-père de Clovis) n'ont plus de réels pouvoirs. C'est le maire du palais, Charles Martel, qui dirige le royaume, alors divisé en deux parties : la Neustrie et l'Austrasie. Charles est un guerrier infatigable qui combat d'un bout

à l'autre du royaume avec une hardiesse exceptionnelle. Il frappe ses ennemis de sa hache d'armes comme avec un marteau… d'où son surnom de « Martel ».

Lorsque Abd er-Rhaman, le gouverneur d'Espagne, et ses troupes se dirigent vers Saint-Martin-de-Tours pour piller les trésors de sa célèbre basilique, Charles Martel accourt pour la défendre. Le 17 octobre, la bataille est engagée non loin de Poitiers. Les soldats de Charles se forment en masses compactes « tel un rempart de glace », rapporte un chroniqueur de l'époque. Contre ce mur infranchissable se brise la cavalerie sarrasine. La nuit arrête les combats. Au point du jour, les Francs se préparent à l'attaque, mais les Arabes ont profité des ténèbres pour fuir car Abd er-Rhaman, leur chef, a été tué. Sur le tableau, à gauche, une croix désigne le camp des chrétiens. On y voit Charles brandir sa hache «comme un marteau». On reconnaît Abd er-Rhaman, grièvement blessé à la cuisse, à sa longue barbe et son cimeterre (le sabre recourbé des musulmans). Cette victoire vaut à Charles Martel un prestige immense dans toute la Gaule. Plus tard, son fils Pépin le Bref, lui aussi maire du palais, réussira à se faire élire roi des Francs par les Grands du royaume et, cérémonie inconnue jusqu'alors, il se fera sacrer avec l'huile sainte par les évêques. Ainsi est née la royauté de droit divin.

***La bataille de Poitiers*, Charles Steuben, 1837**

☛ 773

CHARLEMAGNE

conquiert la Lombardie

Pépin le Bref meurt le 24 septembre 768. Son fils Charles (futur Charlemagne) règne un temps avec son frère Carloman avec lequel il ne s'entend pas du tout. Carloman a pris le parti de Didier, roi des Lombards, un royaume au nord de l'Italie actuelle, alors que Charles défend les intérêts du pape. En 771, Carloman meurt à son tour, mais il laisse deux jeunes fils, ses héritiers. Charles qui est ambitieux profite de l'occasion pour annexer le royaume de son frère défunt. Gerberge, sa veuve, s'enfuit avec ses deux enfants et se réfugie auprès de Didier, dont le but est de conquérir le plus de territoires possible en Italie, au détriment du pape. Ce dernier appelle à son secours Charlemagne qui entre en campagne au mois

de septembre 773. Avec son armée, il traverse les Alpes. C'est la scène que le peintre a représentée, montrant la difficulté pour une armée de franchir cette chaîne montagneuse. Mais dès l'approche des guerriers francs, les troupes de Didier, prises de panique, s'enfuient. Le roi des Lombards s'enferme dans Pavie, dont Charles fait le siège. Au début de juin 774, la ville se rend. Didier est emmené prisonnier et finit ses jours dans un monastère. Charles confisque tous les trésors du vaincu et prend le titre de roi des Francs et des Lombards. Presque chaque année, Charlemagne entreprend des campagnes pour conquérir de nouveaux territoires. Maître de la Gaule, de la Germanie, d'une grande partie de l'Italie et du nord de l'Espagne, il devient le plus puissant souverain depuis les empereurs romains. En l'an 800, alors qu'il est à Rome, le pape le couronne le jour de Noël. À partir de cette date pourtant, de nouvelles menaces se profilent aux frontières de l'empire. Après la mort de Charlemagne, le 28 janvier 814, des envahisseurs surgissent de tous les horizons. Alors, son immense empire de plus de un million de kilomètres carrés se morcelle en plusieurs royaumes, parmi lesquels ceux de « Francie » et de « Germanie ».

***Charlemagne traverse les Alpes pour aller combattre Didier roi des Lombards*, Eugène Roger, 1837**

☛ 886

PARIS

se défend contre les Normands

Après la disparition de Charlemagne, c'est le temps des invasions. De terribles cavaliers, les Hongrois, arrivent de l'Est. Ils sont si féroces qu'on les accuse de manger les enfants. Le mot « ogre » est peut-être une déformation de « hongrois ». Des pirates sarrasins venus d'Afrique du Nord, les « Maures », multiplient leurs razzias sur les côtes de la Méditerranée. Mais les envahisseurs les plus redoutés sont alors les Vikings, les hommes du Nord, ou « Normands », venus des pays scandinaves, trop pauvres pour nourrir tous leurs habitants. Chaque printemps, ces redoutables guerriers partent sur de grandes barques à voiles et à rames. Ils remontent les fleuves, pillent les villes et les monastères et repartent aussi vite qu'ils sont arrivés, bien avant que l'on ait eu le temps de réunir une armée pour les combattre. En 843, les Vikings remontent la Loire. Ils s'emparent de Nantes et massacrent l'évêque dans sa cathédrale. En 845, une puissante flotte commandée par Ragnar Lodbrok atteint Paris via la Seine, et trouve la ville abandonnée par ses habitants terrorisés. Le roi des Francs, Charles le Chauve, petit-fils de Charlemagne, est contraint de payer un lourd tribut (7 000 livres d'argent) aux Normands en échange de leur retraite. Sous le règne de Charles le Gros, le dernier roi à diriger les deux royaumes francs de Francie et de Germanie, Paris, une nouvelle fois attaquée par les Normands, est courageusement défendue par Eudes, le comte de Paris,

que l'on peut admirer ici au centre du tableau. Et dépit de la vaillance d'Eudes, Charles le Gros choisit de traiter avec les Normands. Il leur rachète Paris pour 700 livres et leur permet même de piller la Bourgogne. Indignés par la couardise de leur roi, les seigneurs allemands le renversent. En Francie, les barons s'apprêtent à faire de même, mais Charles le Gros meurt le 13 janvier 888. Les Grands du royaume se refusent à élire l'héritier carolingien (descendant de Charlemagne), alors âgé de sept ans. Ils lui préfèrent l'un des leurs, Eudes qui a montré tant de bravoure. Il est ainsi élu roi de France. Quant aux Normands, les grands ennemis d'hier, ils finiront par commercer et se mêler aux Francs. Certains s'installeront définitivement dans le pays et tout particulièrement dans une région que l'on appellera alors… la Normandie.

Le comte Eudes défend Paris contre les Normands,
Jean-Victor Schnetz (1787-1870)

Blondel

☛ 13 JUILLET 1191

LES CROISÉS prennent Saint-Jean-d'Acre

Les chrétiens du Moyen Âge faisaient de longs pèlerinages pour aller prier près du tombeau d'un saint ou encore près de celui de Jésus à Jérusalem. Les Arabes qui dominaient le pays laissaient les pèlerins venir sur le tombeau du Christ, mais au XIe siècle, de nouveaux maîtres, les Turcs, empêchent les chrétiens d'entrer dans la ville… C'est du moins ce que le pape Urbain II essaie de faire croire et qui est certainement exagéré. Aussi, en 1095, lorsque le souverain pontife fait promettre aux chevaliers d'aller prendre Jérusalem, ils répondent avec enthousiasme : « Partons, Dieu le veut ! » Sur leur vêtement, ils font coudre une croix d'étoffe rouge. On les appelle alors les « croisés ». Les chevaliers ne se croisent pas seulement parce qu'ils sont très pieux, mais également par goût de l'aventure. Peut-être aussi, disent les historiens, parce qu'une explosion démographique pousse les hommes jeunes qui ne possèdent pas de terres à chercher fortune dans cette aventure. Le 15 août 1096, c'est le grand départ. En chemin, les croisés massacrent les Juifs qu'ils rencontrent et qui refusent de se convertir. Le 15 juillet 1099, Jérusalem est prise, ses habitants sont exécutés en masse par les chrétiens. En 1146, saint Bernard prêche pour une deuxième croisade. Deux cent mille personnes s'engagent dans l'aventure, mais les chevaliers sont écrasés par les Turcs et la nouvelle croisade est un échec, tout comme celles qui suivront. En 1187, Saladin, le très

cultivé sultan de Syrie et d'Égypte, reprend Jérusalem. En avril 1191, le roi de France Philippe Auguste bientôt rejoint par Richard Cœur de Lion, roi d'Angleterre, débarque et met le siège devant Saint-Jean-d'Acre (ou Ptolémaïs), un port à 150 kilomètres de Jérusalem. La ville affamée finit par capituler. Sans pitié, Richard fait exterminer 2 700 combattants et leur famille, près de 300 femmes et enfants. Le tableau présenté ici est une œuvre de propagande, destinée à montrer la noblesse des rois chrétiens : Philippe Auguste à droite sur son cheval blanc. Le peintre suggère à peine cette violence, par le glaive de Richard Cœur de Lion pointé sur ses ennemis… mais nous, nous savons bien ce qui est advenu aux vaincus. Le tableau ne révèle pas non plus que Philippe Auguste, en réalité, n'était pas très intéressé par la croisade. Après la prise de Saint-Jean-d'Acre, il prétexte la maladie de son fils pour regagner la France, laissant Richard Cœur de Lion en Palestine. Il a bien l'intention de profiter de l'absence du roi anglais pour reconquérir la Normandie, qui appartient alors à la couronne d'Angleterre. La croisade a aussi arrangé les affaires de Philippe Auguste sur un autre point : elle a décimé ses plus importants vassaux. Il est ainsi débarrassé des grands féodaux qui souvent bravaient son autorité.

***La ville de Ptolémaïs remise à Philippe Auguste et Richard Cœur de Lion*, Merry Joseph Blondel, 1840**

☛ 27 JUILLET 1214 Philippe Auguste à la bataille de BOUVINES

La capture du roi d'Angleterre Richard Cœur de Lion par le duc d'Autriche, pour le punir de l'avoir publiquement insulté devant Saint-Jean-d'Acre, est une véritable aubaine pour Philippe Auguste. L'habile roi de France traite alors avec le frère de Richard, Jean sans Terre, qui veut monter sur le trône d'Angleterre, puis Philippe envahit la Normandie. Mais en 1194, après deux ans d'emprisonnement, sa liberté rachetée par une rançon phénoménale de 100 000 marks d'argent, Richard contre-attaque. Durant cinq années, il inflige défaite sur défaite au roi de France. Toutefois, le 6 avril 1199, Richard est grièvement blessé par un tir d'arbalète et meurt. Philippe envahit à nouveau la Normandie. Les succès et

l'ambition du roi de France inquiètent les autres souverains européens qui décident de l'attaquer, parmi eux, Jean sans Terre, Otton de Brunswick, l'empereur germanique et Ferrand, le comte de Flandre. Le dimanche 27 juillet 1214, à Bouvines, non loin de Lille, a lieu la bataille. Le tableau ci-dessus décrit les instants qui précèdent l'affrontement. Devant un autel, le roi de France fait une harangue pour encourager ses compagnons. Sous un soleil écrasant, le combat est engagé. D'un côté, Philippe Auguste et ses troupes uniquement françaises, unies ; de l'autre un ensemble disparate de conjurés. Dans la mêlée, le roi de France est tout d'abord désarçonné par de longs crocs, mais les chevaliers français volent à son secours. Finalement, c'est Otton, blessé à l'œil, qui s'enfuit. La bataille est une victoire éclatante. Les prisonniers sont nombreux et le butin s'avère considérable. Le comte de Flandre est enchaîné dans une cage de fer installée sur un chariot et emmené en captivité à Paris. Tout au long du chemin, la foule accourt pour acclamer le roi. C'est une grande fête populaire et l'éveil d'une conscience nationale. Pour la première fois, Philippe Auguste ne se fait plus appeler roi des Francs, « rex francorum », mais roi de France, « rex Franciae ».

Philippe Auguste à la bataille de Bouvines,
Horace Vernet, 1827

☛ **23 JANVIER 1264**

SAINT LOUIS

arbitre pour le roi d'Angleterre

Louis IX (le futur Saint Louis), petit-fils de Philippe Auguste, se prononce comme arbitre entre Henry III, roi d'Angleterre, et les barons anglais, qui veulent imposer des réformes à leur souverain. Le beau visage du roi Louis, imaginé par le peintre, évoque le calme et la pondération du preux chevalier courtois, idéal de l'honnête homme de la féodalité. Son règne tout entier est marqué par cette volonté d'apparaître comme un homme de justice. Il intervient partout dans son royaume pour régler les conflits entre les seigneurs. Il est possible de contester ses décisions devant la cour du roi, le « Parlement », lieu où l'on « parle ». Il est le souverain le plus prestigieux d'Occident. Il peut même s'immiscer dans les conflits des

rois voisins. On le voit ici tenter de concilier les intérêts du roi d'Angleterre, Henry III Plantagenêt, avec ceux de ses barons vassaux. Il va ainsi arbitrer, en faveur du monarque anglais, vêtu de blanc, assis à ses côtés. La mansuétude de Louis vis-à-vis d'Henry, son beau-frère, s'explique par le fait qu'en 1258, le roi d'Angleterre avait reconnu au bénéfice du roi de France la possession de la Normandie, de l'Anjou, du Maine et de la Touraine. Pour 134 000 livres, Henry renonçait ainsi à ses prétentions sur les territoires conquis par Philippe Auguste. C'était la paix provisoire entre les royaumes de France et d'Angleterre. Saint Louis voulait la paix entre tous les chrétiens, mais il croyait de son devoir d'aller reprendre Jérusalem aux musulmans et de combattre les Juifs installés en France. Il est le dernier roi à partir en croisade en 1270, mais il meurt du typhus devant Tunis. Son corps est dépecé et bouilli dans du vin et les chairs séparées des os. Ses entrailles sont enterrées en Sicile ; son cœur et ses os ramenés à la basilique de Saint-Denis. Après la mort de Saint Louis, son fils Philippe III le Hardi lui succède, puis son petit-fils, Philippe IV le Bel, enfin ses trois arrière-petits-fils, qui eux… n'eurent pas d'héritiers. Le roi d'Angleterre, Edward III, dont la mère était la fille de Philippe le Bel, réclame aussitôt la couronne de France. Que va-t-il advenir du royaume ?

***Saint Louis et le dit d'Amiens*, Georges Rouget, 1820**

☛ 22 FÉVRIER 1358

La rébellion d'ÉTIENNE MARCEL

Edward III désire ardemment le trône de France, mais les Français, eux, ne veulent pas d'un roi anglais. Aussi, une assemblée de seigneurs proclame roi un neveu de Philippe le Bel, Philippe VI de Valois. Edward prend tout de même le titre de roi de France. C'est ainsi que commence la guerre de Cent Ans (qui n'a pas lieu en continu, mais est intermittente, de 1337 à 1453). Les Anglais possèdent une armée petite, mais efficace. L'armée française, plus importante, est une cohue de chevaliers qui veulent tous se battre au premier rang. C'est la raison pour laquelle Philippe VI est vaincu à la bataille de Crécy en 1346. En août 1347, le roi anglais Edward III s'empare du port de Calais. Le 1er novembre de la même année, une maladie, la peste noire, arrive à Marseille dans les cales de galères génoises. Elle se répand dans toute l'Europe et tue près d'un tiers de ses habitants. On pense alors que c'est la faute des Juifs et on les massacre. En 1356, le roi Jean le Bon, successeur de Philippe VI, est vaincu et fait prisonnier par les Anglais. Son fils, le dauphin Charles, convoque les « États généraux » – une assemblée composée de représentants des trois ordres : la noblesse, le clergé et le tiers état (les bourgeois, marchands, riches paysans) – afin de faire voter des impôts, car il faut de l'argent pour continuer la guerre. Dirigés par Étienne Marcel, le prévôt des marchands (l'équivalent du maire de Paris), les États généraux sont d'accord pour voter l'impôt, mais ils veulent

pouvoir contrôler la manière dont l'argent sera dépensé. Ils exigent aussi de se réunir chaque année.

Le 27 janvier 1358, une délégation anglaise apporte les conditions de la libération du roi de France : une rançon de quatre millions d'écus et la cession d'une grande partie des domaines du sud-ouest du royaume. Le dauphin Charles accepte tandis qu'Étienne Marcel refuse. Pour en finir avec les conseillers du dauphin, les maréchaux de Champagne et de Normandie, Étienne Marcel décide de les faire assassiner. Le 22 février, une petite troupe en armes fait irruption dans la chambre du dauphin. Les deux maréchaux sont massacrés. Étienne Marcel fait mine de s'interposer pour protéger Charles, il le coiffe du chaperon rouge et bleu de ses partisans et pose sur sa propre tête le couvre-chef du dauphin. C'est cet instant que le peintre a représenté ici. Mais après cet épisode, Charles annonce sa décision de porter le titre de régent et quitte Paris pour mieux engager la lutte avec le prévôt. Étienne Marcel qui craint de voir Paris assiégé s'allie alors avec les « Jacques », ces paysans révoltés contre leurs seigneurs. De plus en plus isolé, Étienne Marcel commet l'irréparable : il livre la capitale aux mercenaires anglais. Les bourgeois de Paris abandonnent alors leur prévôt qui est assassiné le 31 juillet 1358.

***Le prévôt des marchands Étienne Marcel et le dauphin Charles*,**
Lucien Mélingue, 1879

☛ 25 OCTOBRE 1415 La défaite d'AZINCOURT

À la mort de Jean le Bon, son fils lui succède sous le nom de Charles V. Puis c'est au tour de son fils, Charles VI, de monter sur le trône. Mais ce dernier est victime de crises de folie. Son frère, le duc d'Orléans, et son cousin Jean sans Peur, duc de Bourgogne, en profitent pour se disputer le pouvoir. Jean sans Peur fait assassiner le duc d'Orléans et obtient l'appui des bourgeois de Paris, mais il a contre lui des seigneurs qui prennent pour chef le comte d'Armagnac. Ainsi commence en France une guerre civile entre le parti des « Armagnacs » et celui des « Bourguignons ». Les Anglais profitent de ce chaos pour envahir le pays car Henry V veut reconquérir la Normandie. Une célèbre bataille a lieu à Azincourt, dans le Nord. La veille, le 24 octobre et durant toute la nuit, la pluie détrempe le champ de bataille. Henry a assisté à trois messes avant les combats. L'expédition compte d'ailleurs toute une armée de prêtres. Les soldats reçoivent leur bénédiction, ils s'agenouillent et mangent un peu de terre : ils montrent ainsi qu'ils acceptent la mort qui les attend peut-être. On les voit à droite sur le tableau. Au point du jour, le 25, Henry qui a étudié la configuration du terrain dispose sa petite armée sur l'étroit champ de bataille. Elle compte de remarquables archers qui possèdent de grands arcs très puissants, les *long bows*. Les Français sont beaucoup plus nombreux, entassés, lourdement armés et, rapporte un chroniqueur, ils « étaient en la terre molle jusqu'au gros des jambes, ce qui leur était

moult grand travail : car à peine ils pouvaient ravoir leurs jambes et se tirer de la terre ». Pendant les trois premières heures après le lever du soleil, il n'y a aucun combat. Les archers se réfugient derrière des pieux qu'ils ont plantés dans le sol pour parer les charges de cavalerie. Voyant que les troupes anglaises reculent, les chevaliers français qui ont beaucoup bu avant les combats (tout comme leurs ennemis) chargent, mais ils sont accueillis par des pluies de flèches. Les chevaux glissent et tombent. « Les archers d'Angleterre, légèrement armés, frappaient les Français à tas, et semblaient que ce fussent des enclumes sur quoi ils frappassent… Et churent les nobles français les uns sur les autres. » Au moment où s'achève la bataille, le bruit court d'une contre-attaque des Français. Henry V ordonne alors le massacre de tous les prisonniers. La victoire appartient aux Anglais qui ont perdu 13 chevaliers seulement. Dans le camp français, c'est l'hécatombe : 5 000 nobles ont été tués dont le connétable, mais aussi des ducs, des comtes, des barons… la fine fleur de la chevalerie française. Ce désastre marque un tournant dans l'art de faire la guerre en Europe et il a pour conséquence de livrer la France aux Anglais. En apprenant la défaite, Charles VI pleure, puis sombre dans un état d'hébétude.

***Le matin d'Azincourt*, sir John Gilbert (1817-1897)**

☛ **8 MAI 1429**

JEANNE D'ARC

délivre Orléans

La guerre civile se poursuit entre les Bourguignons et les Armagnacs dont le chef est le dauphin Charles (futur Charles VII). Le 10 septembre 1419, une entrevue est malgré tout organisée entre les deux camps, à Montereau, sur un pont au milieu de la Seine. Mais soudain, le dialogue s'envenime et des serviteurs du dauphin fracassent le crâne de Jean sans Peur, duc de Bourgogne. Pour venger son père, le nouveau duc, Philippe le Bon, signe le 21 mai 1420 avec Henry V, roi d'Angleterre, un traité qui livre la France aux Anglais : Henry V parvient à se faire reconnaître comme héritier du trône de France, au détriment du dauphin Charles. Le 31 août 1422, le roi d'Angleterre meurt, puis Charles VI à son tour. Henry VI, un bébé de onze mois,

devient alors roi de France et d'Angleterre. Pour se moquer, on surnomme le dauphin Charles « roi de Bourges », car il y a établi sa résidence au cœur d'un royaume de France terriblement rétréci. C'est alors qu'apparaît une jeune fille du nom de Jeanne d'Arc. Très pieuse, elle a entendu des voix célestes qui lui ordonnent de sauver la France. En février 1429, alors que les Anglais assiègent Orléans, elle décide d'aller trouver Charles. Le 8 mars, alors qu'elle n'a jamais vu le roi, elle le reconnaît parmi tous ses courtisans et lui dit : « Gentil dauphin, j'ai nom Jeanne la Pucelle et vous mande le roi des cieux par moi que vous serez sacré et couronné. » Charles la nomme chef de guerre et lui fait faire une armure à ses mesures. Le 29 avril, avec une poignée de chevaliers, Jeanne réussit à entrer dans Orléans. Le 8 mai, après une série de combats victorieux, les Anglais lèvent le siège. Orléans est enfin délivrée. Le 17 juillet 1429, Charles est sacré dans la cathédrale de Reims. La poétesse Christine de Pisan écrit alors : « L'an mil quatre cent vingt et neuf, reprit à luire le soleil. » Après le sacre, Jeanne poursuit son combat, mais elle est faite prisonnière devant Compiègne par les Bourguignons qui la vendent aux Anglais. Le 30 mai 1431, à Rouen, elle est condamnée et brûlée vive comme sorcière.

« La Pucelle ! » Jeanne d'Arc à la tête de son armée,
Franck Craig, 1907

☛ 5 JANVIER 1477
Mort de Charles LE TÉMÉRAIRE

« Il était laid, mal fait, s'habillait pauvrement. Il était avide, fourbe et cruel. Mais ce méchant homme avait les qualités d'un grand roi. » C'est ce que l'on pouvait lire autrefois dans les vieux livres d'histoire au sujet de Louis XI, fils de Charles VII. Il est vrai que son apparence ne suscitait pas la sympathie. Il passait pour sournois mais tenace dans ses objectifs, à tel point qu'il fut surnommé « l'universelle araignée ». Son ennemi de toujours, Charles le Téméraire, duc de Bourgogne, avait, lui, bien plus fière allure : beau, élégant, il possédait les territoires les plus riches (la Bourgogne, les Pays-Bas), et régnait sur la cour la plus raffinée d'Europe. Mais le Téméraire était d'une ambition démesurée. Louis attend son heure pour frapper

cet ennemi qu'il « haïssait de venin de mort ». Par son adresse politique, le roi de France « tisse sa toile ». Il attise les conflits entre Charles et d'autres États, comme celui de René, duc de Lorraine. Lorsque le Téméraire décide de conquérir la Lorraine, il essuie une cuisante défaite. Le 5 janvier 1477, devant Nancy qu'il assiège, il trouve la mort. Dans une lumière crépusculaire, le peintre Eugène Delacroix a représenté la scène : les troupes du duc de Lorraine à droite ; au premier plan, à gauche, sur le point d'être embroché par un chevalier, le duc de Bourgogne. Trois jours après la bataille, son corps est retrouvé nu, à demi dévoré par les loups. Lorsqu'il apprend la nouvelle de sa mort, Louis XI montre une joie indécente et s'empare sans tarder de la Bourgogne, puis de la Picardie, de la Franche-Comté et de l'Artois. Enfin, l'un de ses proches parents, qui possédait l'Anjou, le Maine et la Provence étant mort sans enfant, Louis les réunit aussi à son royaume ainsi que le Roussillon. Avec opiniâtreté et ruse, voyageant sans relâche, travaillant avec acharnement, malgré une mauvaise santé, Louis XI a dessiné les contours de notre pays, à peu près tels que nous les connaissons aujourd'hui. Un jour, il lança d'ailleurs à ses ennemis cette réplique saisissante : « Je suis France. »

***Bataille de Nancy, mort de Charles le Téméraire*, Eugène Delacroix, 1831**

Les successeurs de Louis XI veulent encore agrandir le royaume de France. L'Italie est alors constituée de plusieurs petits États, immensément riches – le duché de Milan, la République de Venise, les États du Pape, le royaume de Naples – qui se jalousent les uns les autres. Les rois de France pensent qu'ils pourront aisément les conquérir. Mais dès qu'il a mis la main sur le royaume de Naples, Charles VIII, le fils de Louis XI, voit se former une puissante coalition contre lui : elle rassemble les États italiens, l'Espagne et Maximilien de Habsbourg, l'empereur germanique. Le roi de France doit alors déguerpir du pays à la hâte. Comme Charles VII n'a pas d'héritier, son cousin Louis XII monte sur le trône et entreprend, lui, de conquérir le duché de Milan. Mais à son tour, il est chassé d'Italie. À la mort de Louis XII, son cousin François Ier lui succède. Ce nouveau roi de vingt et un ans, taillé comme un hercule, est fasciné par la civilisation qui s'épanouit en Italie. Reprenant la politique de ses prédécesseurs, il réunit une armée de 40 000 hommes et traverse les Alpes, « faisant découper les rocs pour faire chemin à passer les gens à cheval et à l'artillerie ». L'affrontement a lieu près de Melegnano (en français Marignan) les 13 et 14 septembre 1515. C'est une « bataille de géants » disent les chroniqueurs, tant par la violence des affrontements, le nombre de combattants, la durée de l'engagement (plus de vingt heures) que par une nouveauté dans l'art militaire : le rôle joué par l'artillerie (70

☛ 13 SEPTEMBRE 1515
François Ier fait chevalier à MARIGNAN

canons). Pourtant les rituels de la chevalerie sont respectés une dernière fois : après la victoire, le roi appelle son fidèle compagnon Bayard et lui dit qu'il veut être fait chevalier par ses mains. Après avoir fait référence aux chevaliers les plus célèbres des croisades, Bayard s'adresse à son épée : « Tu es bien heureuse d'avoir aujourd'hui un si beau et puissant roi donné l'ordre de chevalerie. » La victoire est aussitôt célébrée. Une chanson est même composée par un grand musicien de ce temps, Clément Janequin ; elle est truffée d'onomatopées pour évoquer le bruit des combats : « Bruyez, tonnez bombardes et canons, Aventuriers, bons compagnons. Tonnez gros courtaux et faulcons, Ensemble croisez vos bastons. (...) France courage, courage, Donnez dedans ! Frappez dedans ! Donnez des horions, Alarme, alarme, Chipe, chope, torche, lorgne, Soyez hardiz, en joye mis. Pa ti pa toc tricque, trac zin zin, Chascun s'asaisonne (...) Ils sont deffaictz, Victoire au noble roy Francoys ! » Mais cette bataille si renommée dans l'histoire de France n'eut en réalité que peu de portée politique. En 1525, François Ier est même vaincu et fait prisonnier à la bataille de Pavie, par son rival de toujours : l'empereur d'Espagne Charles Quint qui règne alors sur une grande partie de l'Europe et dont les navires sont déjà partis à la conquête des mers du globe.

***François Ier armé chevalier par Bayard*, Louis Ducis, 1817**

☛ 24 AOÛT 1572 LE MASSACRE de la Saint-Barthélemy

L'austère Henri II succède à son père François Ier. Mais le 30 juin 1559, au cours d'un tournoi, Henri est tué. À la même époque, les guerres de Religion entre catholiques et protestants commencent en France. À quinze ans, François II monte sur le trône. Le jeune roi est tiraillé entre ses oncles, les Guises, champions de la cause catholique, et sa mère, Catherine de Médicis, qui tente, elle, d'apaiser les haines entre les adeptes des deux religions. Mais François meurt d'une infection à l'oreille. Son petit frère de dix ans monte sur le trône sous le nom Charles IX. Pour tenter de ramener la paix, Catherine de Médicis imagine de marier sa fille Marguerite au fils de la reine de Navarre, Henri, qui est protestant. Mais chaque camp veut la destruction

de l'autre. Alors que le mariage de Marguerite et d'Henri de Navarre est célébré malgré tout le 18 août 1572, le pire se prépare. Au lendemain des noces, Catherine de Médicis est exaspérée : l'amiral protestant Coligny, qui a une grande influence sur Charles IX, le pousse à attaquer le roi d'Espagne. Catherine décide de faire assassiner Coligny. Mais l'attentat échoue. Par peur des représailles, Catherine et les princes catholiques veulent frapper les premiers. C'est ainsi que commence le massacre de la Saint-Barthélemy. Le 24 août 1572, le tocsin donne le signal. Les princes protestants sont exécutés, mais pas seulement eux : une folie meurtrière s'empare de la population qui extermine plusieurs milliers de réformés. Sur la page de gauche, c'est le précepteur du jeune prince de Conti qui est assassiné sous les yeux de son élève. Page de droite, Marguerite, reine de Navarre, voit un homme couvert de sang se réfugier dans sa chambre pour échapper à la mort, car on égorge jusque dans les couloirs du Louvre. Sur la liste des princes qui devaient être assassinés, celui de son époux à été rayé, il s'agit du protestant Henri de Navarre. Catherine de Médicis veut l'épargner. Il régnera plus tard sous le nom d'Henri IV.

***La Saint-Barthélemy*, Joseph Nicolas Robert-Fleury (1797-1890)**
***Dans l'appartement de la reine de Navarre*, Alexandre-Évariste Fragonard (1780-1850)**

☛ 14 MAI 1610

RAVAILLAC

assassine Henri IV

À la mort d'Henri III, Henri de Navarre monte sur le trône de France. Mais il est protestant et les Français ne veulent pas d'un souverain réformé. Roi, mais seul, sans argent, sans sujets, Henri entreprend bravement la conquête de son royaume. Après beaucoup d'hésitation, en 1593, il finit par se convertir au catholicisme. Et pour mettre fin aux guerres de Religion qui durent depuis trente ans, il fait publier l'« Édit de Nantes » : les protestants ne seront plus persécutés à cause de leur foi et sont enfin libres de pratiquer leur culte. La paix revenue, Henri IV, avec l'aide de son fidèle ministre Sully, développe l'industrie et le commerce, le réseau des routes, il réduit certains impôts trop lourds pour les paysans. Mais il faut se garder de

brosser un tableau trop idéal du règne d'Henri IV, le plus populaire de nos rois. La vie du peuple des campagnes est encore misérable. De nombreux petits propriétaires paysans, ruinés par les ravages des soldats, sont contraints de vendre leurs terres à bas prix. L'économie du royaume sera cependant redressée. Mais en 1609, un nouveau conflit s'envenime en Europe, entre la France et l'Espagne alliée à la maison d'Autriche. Henri se prépare à l'affrontement. Il n'aura pas le temps d'entrer en guerre. Le 14 mai 1610, un grand escogriffe nommé Ravaillac, bon catholique fanatique révolté par l'Édit de Nantes, plonge son couteau dans la poitrine du roi alors que celui-ci se rend en carrosse chez Sully. À cinq heures du soir, le procureur général du roi annonce au Parlement la mort du roi. Dans la capitale, toutes les boutiques ferment. « Chacun crie et se lamente – note le chroniqueur Pierre de L'Estoile dans son journal – grands et petits, jeunes ou vieux. Les femmes et les filles s'en prennent aux cheveux. » Le nouveau roi, Louis XIII, a neuf ans. On le reconnaît à la droite du tableau, pâle, fixant ce père qu'il aimait tant. Ravaillac, lui, connaît le sort de tous les régicides, les tueurs de rois. En place publique, il est longuement torturé, écartelé par quatre chevaux, ses restes brûlés aux carrefours, pour qu'il n'en reste rien.

***Assassinat d'Henri IV*, Charles-Gustave Housez, 1860**
***Henri IV sur son lit de mort*, Alexandre Hesse, 1837**

☛ 1628
Le cardinal de RICHELIEU au siège de La Rochelle

À cette époque, les hommes d'Église pouvaient aussi être des hommes de guerre. Le personnage au centre du tableau est un cardinal, comme le montre son habit rouge, mais par-dessus il a revêtu une armure de combattant. Le visage dur, Richelieu fixe les navires anglais venus porter secours aux protestants de La Rochelle. Ce personnage est l'homme le plus puissant du royaume, après le roi Louis XIII. Richelieu a une très haute idée de l'État et de la royauté. Il ne peut supporter l'indépendance de la riche cité protestante. Il décide d'en faire le siège et pour éviter que les Anglais ne ravitaillent la ville par la mer, il fait construire une énorme digue que l'on voit sur le tableau. Les assiégés survivent comme ils

peuvent : ils se nourrissent de coquillages, d'escargots et de limaçons. Ils cueillent des herbes : christes-marines, pourpiers sauvages, feuilles de vigne. Comme il reste d'assez grands stocks de sucre, les femmes préparent des bouillies sucrées avec des parchemins, d'anciens contrats de mariage et de la cassonade. On finira par dévorer jusqu'aux bottes et aux chapeaux. Le 28 octobre 1628, les Rochelais capitulent. Lorsque Louis XIII pénètre dans la ville, des 25 000 habitants, il ne reste que 6 000 survivants cadavériques. Entre son père Henri IV et son fils Louis XIV, Louis XIII a longtemps fait pâle figure. Souvent malade, taciturne, il fut cependant un roi d'une grande dignité et tout entier dévoué à son royaume. Avec l'aide du cardinal de Richelieu, il gouverne la France jusqu'à sa mort. L'estime entre le roi et son ministre est immense. « Je vous aimerai jusqu'au dernier soupir de ma vie », écrit Louis à Richelieu. Le cardinal, lui, est un génie politique, mais nerveux et parfois dépressif. Il lui arrive de pleurer à chaudes larmes. Il est par-dessus tout d'une implacable volonté. Il parviendra à « rabaisser l'orgueil des Grands » et mettre la royauté sur la voie de la monarchie absolue. Richelieu meurt le 4 décembre 1642. Louis XIII ne lui survit que de quelques mois. Il fut le dernier roi de France à avoir été pleuré par son peuple.

***Richelieu au siège de La Rochelle*, Henri-Paul Motte, 1881**

☛ 27 AOÛT 1648

Les débuts de LA FRONDE

Lorsque Louis XIII meurt, Louis XIV est un enfant de cinq ans. Sa mère Anne d'Autriche devient alors régente et gouverne avec l'aide du cardinal Mazarin, le successeur de Richelieu. La situation se détériore en France car, à cette période, les impôts sont extraordinairement augmentés. La France se bat contre l'Espagne et la maison d'Autriche, et la guerre coûte cher. Le peuple gronde. Le 13 mai 1648, le Parlement de Paris prend une initiative révolutionnaire : il convie des hommes de loi à travailler sur la réforme de l'État pour en limiter les abus. La reine et le cardinal font arrêter les meneurs, parmi lesquels le très populaire Pierre Broussel. Le 27 août 1648, en quelques heures, Paris se couvre de 1 260 barricades. Courageusement, Mathieu Molé, premier président du Parlement de Paris (la plus haute assemblée d'hommes de loi de France), va trouver la reine et Mazarin pour demander la libération des parlementaires arrêtés. Sur le chemin du retour, il est accueilli par la foule en colère et menacé de mort s'il ne ramène pas Broussel. C'est l'instant que le peintre a représenté. Molé retourne au Palais-Royal et persuade Anne d'Autriche de libérer les prisonniers. C'est ainsi que commencent en France des troubles profonds qui vont durer jusqu'en 1653. Cette révolte est appelée « la Fronde ». Dans la nuit du 5 au 6 janvier 1649, Mazarin, Anne d'Autriche et le petit roi doivent même s'enfuir de Paris. Mais des nouvelles venues de l'étranger vont

mettre fin au premier acte de cette rébellion. On apprend l'exécution du roi d'Angleterre Charles Ier. Les Français sont horrifiés d'un tel sacrilège. Le 11 mars, Mathieu Molé signe la paix de Rueil qui met fin à la Fronde du Parlement. Mais alors commence la « Fronde des princes ». Pour rabaisser les exigences et l'arrogance de Condé, de son frère Conti et de son beau-frère Longueville, le cardinal et la reine décident leur arrestation, le 18 janvier 1650. Les grands princes exigent aussitôt le renvoi de Mazarin. Le pays sombre dans la confusion la plus extrême. C'est une guerre en dentelles, mais très sanglante, à laquelle même les duchesses prennent part. Coups de théâtre, histoires d'amour et rivalités féroces se nouent en un écheveau compliqué. Pendant ce temps, des bandes armées ravagent le pays et l'on meurt de faim dans les campagnes : « Les gens mangent de la terre, des écorces et ce que nous n'oserions dire si nous ne l'avions vu et qui fait horreur, ils se mangent les bras et les mains et meurent de désespoir », rapporte un témoin. Enfin, les troupes royales commandées par Turenne finissent par l'emporter. Le 21 octobre 1652, le roi et sa mère font leur entrée dans Paris. Sacré à Reims le 7 juin 1654, Louis XIV n'oubliera jamais l'humiliation de sa jeunesse, la peur, la fuite sur les routes.

Mathieu Molé résistant aux factieux,
François-Xavier Dupré (1803-1871)

☛ 1682

LOUIS XIV

s'installe à Versailles

Louis XIV n'aimait pas Paris, il se méfiait de cette ville qui avait donné naissance à la Fronde. En 1661, le roi décide de transformer, à Versailles, un modeste pavillon de chasse en château. En 1674, sur le grand escalier des Ambassadeurs, Louis XIV accueille, d'une manière bien hautaine, le Grand Condé, qui vient de remporter une victoire contre les Hollandais. Par ce geste, le souverain met fin à un exil de quinze ans, destiné à punir son cousin d'avoir mené la Fronde contre le pouvoir royal. Le peintre a représenté la scène au moment où le Grand Condé s'incline profondément devant le roi, en signe de soumission. En 1677, le roi fait connaître sa décision de s'installer définitivement à Versailles. Il veut

que son nouveau château surpasse tous les palais du monde. C'est alors que se met en route le plus grand chantier du siècle. Il dure plusieurs décennies, compte jusqu'à 35 000 ouvriers et engloutit des fortunes.

En mai 1682, Louis XIV s'installe dans son palais qui est encore en travaux, mais qui en impose déjà par sa majesté. Versailles devient la résidence de la cour. Un millier de grands seigneurs et quatre mille serviteurs logent au château, un autre millier de courtisans le fréquentent régulièrement. Tous sont les acteurs de ce grand théâtre : la monarchie absolue. Le roi, telle une divinité, fait l'objet d'un culte. De son lever à son coucher, la vie de Louis XIV s'écoule en une sorte de longue cérémonie. Quand il s'habille, un grand prince lui passe sa chemise, un autre sa canne, son chapeau. Le « chevalier porte-coton » lui essuie les fesses lorsqu'il se relève de sa chaise percée. À table, il est servi par des seigneurs. Lorsqu'il a soif, l'un d'entre eux lui fait un grand salut, il va chercher un plateau où se trouve un verre et une carafe de vin ; puis il revient accompagné de deux autres seigneurs. Tous les trois font un grand salut… Et ainsi de suite. Versailles sera la résidence de la cour et le cœur de l'État… jusqu'à la Révolution française.

***L'accueil du Grand Condé à Versailles*,**
Jean Léon Gérôme (1824-1904)

☞ 5 MAI 1789

L'ouverture des ÉTATS GÉNÉRAUX

En 1715, Louis XIV meurt après un règne de cinquante-quatre ans. Son arrière-petit-fils, Louis XV, lui succède. Son règne profite d'une ère de prospérité, que ne connaîtra pas Louis XVI qui monte sur le trône en 1774. La situation financière du royaume est alors difficile. Pourtant le roi de France décide malgré tout d'aider les colons d'Amérique en révolte contre l'Angleterre. Ils rêvent d'obtenir l'indépendance de leur pays. Mais la guerre coûte cher, elle achève de ruiner le royaume et précipite l'arrivée d'un événement qui va changer la face du monde : la Révolution française. Le roi décide la convocation des États généraux pour leur demander de l'argent. Depuis presque dix ans, la monarchie est en

crise. La noblesse refuse que l'on touche à ses privilèges. La colère grandit d'autant plus qu'une succession de mauvaises récoltes provoque la disette. Le 4 mai 1789, la veille de leur réunion à Versailles, les 1 315 députés aux États généraux défilent solennellement dans les rues. En tête marchent ceux du tiers état, tout de noirs vêtus. La noblesse suit avec ses beaux habits de satin et d'or, ses chapeaux à plumes, puis viennent les prêtres et le haut clergé, en surplis de dentelle. Le lendemain, le roi, que l'on voit sur le tableau en bas à droite dans son bel habit bleu, préside la première séance. Alors que les privilégiés sont introduits sans délai par la grande porte, les gens du tiers doivent attendre à une petite porte. (Le peintre a représenté les députés, ayant l'air de piétiner ; certains bavardent, d'autres nous jettent un coup d'œil sévère.) Le 17 juin, les députés du tiers déclarent qu'ils représentent la nation et se proclament « Assemblée nationale ». Le 20 juin, ils trouvent refuge dans la salle du Jeu de paume. Là, ils jurent de ne pas se séparer avant d'avoir donné à la France une constitution (un ensemble de nouvelles règles qui déterminent le fonctionnement de l'État). C'est le « Serment du Jeu de paume ». La Révolution française est en marche. Rien ne peut plus l'arrêter.

***Procession d'ouverture des États généraux*,**
Louis Boulanger (1806-1867)

☛ 14 JUILLET 1789

La prise de la BASTILLE

Louis XVI n'est pas un méchant homme, mais il est dépassé par les événements. Il tente de reprendre le contrôle de la situation et fait venir près de Versailles les régiments d'Allemands et de Suisses qui sont à son service. L'Assemblée exige du roi de les éloigner. Le roi refuse. Puis il renvoie son ministre Necker, qui est très populaire. Apprenant la nouvelle, les Parisiens descendent dans la rue. Les rumeurs les plus folles circulent. Des orateurs improvisés haranguent les foules. Monté sur une table du Palais-Royal, Camille Desmoulins brandissant un pistolet s'écrie : « Citoyens, vous savez que la nation avait demandé que Necker lui fût conservé, on l'a chassé ! Peut-on vous braver plus insolemment ? Après ce coup, ils vont tout oser et pour cette nuit, ils méditent, ils disposent une Saint-Barthélemy des patriotes ! Aux armes ! Aux armes ! » Le 13 juillet, les Parisiens sillonnent la capitale en tous sens pour chercher des armes. Dans la nuit du 13 au 14 juillet, des patrouilles arpentent les rues dans Paris illuminé. L'atmosphère est électrique. Le 14, après avoir pris des fusils et des canons à l'hôtel des Invalides, le peuple marche vers la Bastille. Cette forteresse était une prison où le roi pouvait, par simple « lettre de cachet », enfermer n'importe qui, sans jugement ni explication. Le gouverneur de la Bastille, le marquis de Launay, qui a tout d'abord reçu une délégation avec courtoisie, finit par s'affoler. Lorsque les manifestants envahissent les cours, ils essuient des coups de feu. Dans

la plus grande confusion, des fusillades éclatent de part et d'autre. Les victimes sont bien plus nombreuses du côté des assiégeants : une centaine de morts environ gît sur le pavé. Puis, vers cinq heures, sous la menace des canons braqués sur la forteresse, le gouverneur capitule. Il fait chercher un drapeau blanc. Comme il arrive souvent en ces occasions, on n'en trouve pas. Le marquis propose son mouchoir (d'autres témoignages parlent d'une serviette). La foule se masse alors vers l'entrée en criant : « À bas le pont ! À bas le pont ! » Après avoir parlementé, le pont-levis s'abaisse enfin. C'est alors une ruée indescriptible : on entre, on saccage tout, on jette les papiers par les fenêtres. Le marquis de Launay, que l'on aperçoit à la droite du tableau, finit par être lynché par la foule, puis un cuisinier lui coupe la tête que l'on promène au bout d'une pique dans Paris. Dès le 16 juillet, la démolition de la Bastille, symbole de l'oppression, est décidée. Tout le monde se bat pour participer à l'opération. Dans un enthousiasme inouï, dès les premiers coups de pioche, on voit défiler des célébrités : Mirabeau, Beaumarchais et bien d'autres. Le responsable des travaux a l'idée de faire sculpter dans les pierres de la forteresse des Bastilles en miniature en souvenir commémoratif. C'est ainsi que le 14 Juillet est devenu notre fête nationale.

***La prise de la Bastille*, école française, fin XVIIIe siècle**

☞ 1792
Les massacres de SEPTEMBRE

Après la prise de la Bastille, la Révolution continue d'avancer à toute vapeur et connaît plusieurs rebondissements dramatiques. Le 4 août 1789, les privilèges dont jouissaient les aristocrates sont abolis. Le 26 août, la Déclaration des droits de l'homme est adoptée. Son premier article stipule : « Les hommes naissent et demeurent libres et égaux en droits. » Ce beau et grand texte fonde la démocratie dans notre pays. Le 20 juin 1791, le roi s'enfuit, mais il est arrêté à Varennes, puis incarcéré. Pendant ce temps à l'étranger, les monarchies horrifiées par la Révolution décident d'attaquer la France. En juillet 1792, la Prusse et l'Autriche lancent leurs troupes. On déclare alors « la Patrie en danger ». Des milliers de

volontaires s'enrôlent pour la défendre. On accuse le roi et sa femme, l'Autrichienne Marie-Antoinette, de trahison. Tous les « suspects », nobles, prêtres, parents d'émigrés, soupçonnés de combattre secrètement la Révolution, sont emprisonnés. Dans Paris, le tocsin sonne à tout propos. Le bruit court qu'un complot se forme dans les prisons. Un journaliste, Marat, s'écrie : « Avant d'attaquer les ennemis du dehors, il faut abattre les ennemis du dedans. »

C'est dans cette atmosphère irrespirable qu'a lieu l'un des événements les plus terribles de la Révolution. Le 2 septembre, on annonce que les armées ennemies viennent d'enlever Longwy et Verdun. La populace massacre alors 1 200 prisonniers détenus dans les geôles parisiennes. La tuerie prend fin le 6 septembre. Le corps sans vie et dénudé, allongé sur le pavé, est celui de la princesse de Lamballe, une aristocrate qui, alors qu'elle était en Angleterre, était courageusement revenue en France, à la demande de Marie-Antoinette. La Révolution faisait de grandes choses, mais elle montrait là sa face la plus noire.

***Mort de la princesse de Lamballe*,**
Léon-Maxime Faivre, 1908

☛ 13 JUILLET 1793

CHARLOTTE CORDAY

assassine Marat

Une jeune aristocrate du nom de Charlotte Corday arrive à Paris. Elle descend à l'hôtel de la Providence. Charlotte est ouverte aux idées nouvelles. Mais elle s'est rangée dans le camp des « Girondins », les députés modérés, contre celui des « Montagnards », des révolutionnaires aux idées bien plus radicales. Elle veut rencontrer le député Marat. Le 13 juillet à 19 h, elle se rend chez lui. Il la reçoit dans la pénombre, alors qu'il est dans sa baignoire (une maladie de peau le contraint à des bains fréquents). Elle lui fait croire qu'elle vient dénoncer des députés girondins. Elle dicte les noms. Il les note : « C'est bien, avant huit jours, ils iront tous à la guillotine ! » À ces mots Charlotte Corday tire un couteau de son corsage

et le plonge dans la poitrine de Marat. La meurtrière est aussitôt arrêtée. On trouve sur elle une feuille pliée en huit. C'est une lettre qu'elle adresse aux Français. « Jusqu'à quand, ô malheureux Français, vous plairez-vous dans le trouble et dans les divisions ? Assez et trop longtemps des factieux, des scélérats ont mis l'intérêt de leur ambition à la place de l'intérêt général ; pourquoi victimes de leur fureur, vous anéantir vous-mêmes, pour établir le désir de leur tyrannie sur les ruines de la France. Les factions éclatent de toutes parts, la Montagne triomphe par le crime et l'oppression, quelques monstres abreuvés de votre sang conduisent ces détestables complots… » Transférée à la Conciergerie, elle est jugée et condamnée. Elle monte à l'échafaud avec un grand courage. Le bourreau Samson en est impressionné. Les Montagnards sont alors maîtres du pouvoir. Le Comité de salut public, dirigé par Robespierre, organise la Terreur. À partir du 5 septembre, le moindre suspect est emprisonné et jugé rapidement. Chaque jour, des charrettes emportent leur cargaison de condamnés jusqu'à la guillotine qui fonctionne à plein régime. On estime que 40 000 personnes environ ont péri sous la Terreur qui prend fin à la chute de Robespierre.

***Charlotte Corday*, Paul-Jacques Aimé Baudry (1828-1886)**
***Charlotte Corday questionnée dans sa cellule*,**
M.-F. Thomas, 1836

☛ 1793

Les guerres de VENDÉE

Profondément catholiques, les Vendéens sont pour une grande partie de pauvres paysans. Ils attendaient beaucoup des États généraux de 1789. Surtout, ils rêvaient de posséder une terre. Mais ils n'ont rien eu du tout et sont immensément déçus. Lorsqu'on leur annonce qu'ils doivent partir se battre pour défendre la République, ils se révoltent en mars 1793. C'est ainsi que commencent les guerres de Vendée. Les villages et les villes se rallient à l'armée catholique et royale. À Paris, l'Assemblée décide d'anéantir la Vendée. Elle représente un grand péril qui assaille la Révolution de l'intérieur, alors qu'aux frontières affluent les armées ennemies. Mais sur le terrain, les républicains, « les Bleus », doivent faire face à une guérilla

incessante, faite d'embuscades : ils perdent près de 100 000 hommes. Page de gauche, on voit la petite troupe de chouans, ces Vendéens royalistes, qui attendent cachés dans un chemin creux, prêts à bondir sur l'ennemi. Page de droite, l'artiste montre d'une manière exaltée comment le jeune Joseph Bara mourut. Alors qu'il n'avait pas douze ans, Joseph est engagé volontaire au 8e régiment de hussards, dans les troupes républicaines qui combattent en Vendée. Le 7 décembre 1793, près de Cholet, il tombe dans les mains des chouans. La légende raconte que ceux-ci veulent l'obliger à crier : « Vive le roi ! » Mais il leur répond : « Vive la République ! », ce qui cause sa mort. Une autre version raconte que le garçon aurait refusé de donner à ses ennemis les chevaux dont il avait la garde. Une autre encore explique que, frappé d'un coup de sabre dans la mêlée des combats, il meurt en serrant sur son cœur la cocarde tricolore. Le commandant de Bara rapporte le récit de sa mort à l'Assemblée. Robespierre veut tirer parti de cette histoire héroïque. Il demande une pension pour la mère de Bara, qui est même invitée à venir s'asseoir sur les bancs à côté des députés. La répression contre les chouans, elle, sera sans pitié. Elle n'épargnera ni les femmes ni les enfants et fera au moins 300 000 victimes.

***L'embuscade*, Charles Coessin de La Fosse (1829-1900)**
***La mort du jeune Bara*, Jean-Joseph Weerts, 1883**

☛ 26 JUIN 1794
La bataille de FLEURUS

« La République n'est plus qu'une grande ville assiégée », décrète-t-on, en août 1793, pour justifier la levée en masse des hommes : tous les Français peuvent être ainsi envoyés aux armées. Cela n'avait jamais été pratiqué. En fait, le régime de la Terreur, mis en place en septembre par l'Assemblée (la Convention), fournit à la nouvelle armée révolutionnaire les moyens de vaincre. Les armes sont forgées dans les villages, les uniformes et la poudre fabriqués par les ateliers où se pressent des milliers de citoyens. La mobilisation est générale. On fait appel à tous : hommes, femmes, enfants, artisans, techniciens et savants. À tous les grades, on nomme des hommes jeunes et résolus. Hoche est général à vingt-cinq ans, Marceau à 23. Ces soldats vêtus de bleu, plastron blanc, épaulettes rouges se heurtent aux bataillons à tête de mort des hussards allemands du Hanovre. Il faut écarter de la route de Paris la menace des armées coalisées par les alliés autrichiens et anglais. Devant Charleroi en Belgique a lieu le choc, le 26 juin 1794, sous un soleil brûlant et même par endroits, au milieu des incendies de moisson. Dans les airs, un ballon captif, l'Entreprenant, observe les mouvements ennemis. On le devine au loin à droite sur le tableau. C'est une première dans l'histoire militaire. À bord de cet aérostat de 27 mètres de diamètre, le physicien Coutelle. Pendant neuf heures, dans les airs, il note d'utiles informations

qui renseignent l'état-major du général Jourdan que l'on peut admirer sur son cheval blanc, effrayé par les tirs des canons. « Vaincre ou mourir ! » devient le cri de ralliement. Les Autrichiens sont vaincus. Le capitaine Coutelle explique au sujet de son ballon : « L'effet moral produit dans le camp autrichien par ce spectacle si nouveau fut intense. Il frappa surtout les chefs qui ne tardèrent pas à s'apercevoir que leurs soldats croyaient avoir affaire à des sorciers. » Avec honnêteté, il reconnaît : « Ce n'est pas l'aérostat qui nous a fait gagner la bataille ; cependant je dois dire qu'il gênait beaucoup les Autrichiens qui croyaient ne pas pouvoir faire un pas sans être aperçus et que de notre côté, l'armée voyait avec plaisir cette arme inconnue qui lui donnait confiance. » La victoire de Fleurus permet d'occuper la Belgique, les Anglais rembarquent, les Autrichiens se replient sur des terres allemandes. La guerre de conquête inaugurée à Valmy deux ans plus tôt reprend, la patrie n'est plus déclarée « en danger », la Terreur ne paraît plus nécessaire aux républicains.

***Bataille de Fleurus*, Jean-Baptiste Mauzaisse, 1837**

☛ 25 JUILLET 1799

La bataille d'ABOUKIR

Une victoire, une de plus, et un tableau, un de plus, pour témoigner du fol héroïsme des soldats de Bonaparte. Cette représentation effarante de la bataille d'Aboukir montre des ennemis au sol à moitié nus, à gauche, les Français se ruent en masse compacte, menés par Joachim Murat. Faute de pouvoir vaincre l'Angleterre en débarquant sur son propre territoire, le gouvernement de l'époque, le Directoire (nommé ainsi parce qu'il est dirigé par cinq directeurs), décide d'une expédition militaire en Égypte. Le commandement est confié au jeune et brillant général Bonaparte, vainqueur de la campagne d'Italie contre les Autrichiens. Le Directoire veut aussi éloigner l'ambitieux général. L'Égypte est une

province turque, à partir de laquelle on espère atteindre et menacer les riches possessions anglaises en Inde. Face à l'armée française, 40 000 hommes débarqués le 1er juillet 1798 de 300 navires, combattent les cavaliers mamelouks, les véritables maîtres du pays. Les premières victoires devant les Pyramides, le 21 juillet, ne pourront effacer, deux semaines plus tard, le désastre de la rade d'Aboukir, quand la flotte anglaise de l'amiral Nelson anéantit le 1er août la marine française. Prisonniers de leur conquête, les soldats de Bonaparte piétinent. Un an plus tard, le 19 juillet 1799, un événement scientifique capital est le fruit inattendu de cette campagne : Pierre François Xavier Bouchard, un officier français, découvre la fameuse pierre de Rosette, en Basse-Égypte. Elle permettra à Jean-François Champollion, grâce à ses inscriptions en trois langues, de déchiffrer les hiéroglyphes égyptiens. Mais les préoccupations de Bonaparte sont désormais ailleurs. Après la victoire française d'Aboukir, le 25 juillet 1799, contre une nouvelle armée turque débarquée en Égypte, il rembarque le 23 août pour la France, en laissant sur place son armée. Son retour provoque un enthousiasme bien orchestré par ses partisans. Le 18 brumaire (9 novembre 1799), Bonaparte fait un coup d'État et prend le pouvoir. Son ambition n'a pas de limite.

***Bataille d'Aboukir*, Antoine-Jean Gros, 1806**

☞ 2 DÉCEMBRE 1804

Le sacre de NAPOLÉON

Sacré empereur, le 2 décembre 1804, Napoléon imite ainsi les souverains de l'Ancien Régime, à la différence près qu'il entend se couronner lui-même puis couronner son impératrice, reléguant le pape, assis sagement derrière lui, à un rôle de spectateur. Autre rupture avec l'héritage des Bourbons, le sacre a lieu à Notre-Dame de Paris, au cœur de ce qui fut la capitale de la Révolution. L'empereur va prêter un serment par lequel il s'engage à respecter les acquis révolutionnaires, notamment les milliers de nouvelles propriétés nées de la vente des grands domaines de la noblesse. Cependant, à la sortie de la cathédrale, le cortège de 6000 invités est accueilli par un « morne et lugubre silence » comme en témoignera

l'historien Michelet, comme si les Parisiens pressentaient la perte de leurs libertés. Réalisée par le plus grand peintre du nouveau régime, Jacques-Louis David, cette peinture campe dans sa complexité un empereur qui est à la fois l'homme de la Révolution et celui qui la clôt. Petit, sec et brusque, Napoléon a peu de prestance, mais tous admirent son regard intense et son profil digne d'un général romain. Il craint les complots et les oppositions qui ne manquent pas dans une Europe de rois et d'empereurs. C'est pourquoi il a voulu assurer son pouvoir par l'hérédité de sa charge et la possession d'un titre prestigieux. Napoléon est un homme d'une puissance de travail extraordinaire. Il combat sur deux fronts : à l'intérieur, contre les républicains et les royalistes ; à l'extérieur, contre les coalitions de nations rassemblées autour de l'inflexible Angleterre. Mais l'œuvre de Napoléon Ier reste marquée par la complète refonte, en moins de quinze ans, du pays. Il fait nommer des préfets à la tête de départements qu'il crée de toutes pièces ; ce sont encore les mêmes découpages aujourd'hui. Il fait rédiger en quatre mois un « Code civil des Français », qui règle les rapports entre les citoyens (propriété, famille, mariage, héritage…). Napoléon était un chef militaire audacieux, ce fut aussi l'homme de grandes réformes utiles pour la vie quotidienne des Français.

***Sacre de Napoléon*, Jacques-Louis David, 1806-1807**

☞ 19 OCTOBRE – 13 DÉCEMBRE 1812

La retraite de RUSSIE

« Les orteils, les doigts, les oreilles, les nez prennent une couleur lie de vin, puis noire avant de tomber sur le chemin. (…) La viande de cheval qu'on grillait au bivouac a disparu, on en est réduit à sucer des glaçons de sang de cheval, boudin d'un nouveau genre porté en bandoulière », raconte Dominique Larrey, chirurgien de la Garde impériale. En cet hiver 1812, la retraite de Russie marque le début de la fin du Grand Empire de Napoléon : 130 départements en 1811, de la mer Baltique, au nord, à la côte romaine, au sud. Il veut imposer à l'Angleterre le blocus de ses côtes. Napoléon était le maître de la moitié de l'Europe, l'empire de Charlemagne était reconstitué sous la forme d'une fédération d'États se réclamant des principes de la Révolution française, contre des monarchies légitimes, établies depuis des siècles. Ce rêve démesuré de conquérant européen va s'effondrer en Russie. En 1812, l'Angleterre n'est plus seule, l'Autriche et la Prusse préparent leur revanche. Les peuples annexés de force à l'empire de Napoléon ne veulent plus lui fournir de soldats. À l'intérieur même de la France, on souffre de la vie chère. La Russie, encore alliée de la France, espère s'emparer de la Pologne, Napoléon s'y oppose, la guerre commence. Le 24 juin 1812, l'armée impériale (700 000 soldats, dont 300 000 Français) franchit, trop tard dans la saison, le fleuve Niémen, qui sert de frontière occidentale à l'empire russe. La majorité des troupes, moins solide et

moins dévouée, est donc fournie par une vingtaine de nations. Les Russes, eux, optent pour la stratégie de la terre brûlée : le tsar Alexandre Ier ordonne de tout détruire sur la route de l'envahisseur. Le 15 septembre, Napoléon entre dans Moscou ravagée par un immense incendie. Ne pouvant tenir sans ressources, la retraite est décidée… trop tard, il commence à neiger. Mille kilomètres sont franchis en plein hiver russe par des températures avoisinant les -20 ou -30 degrés. Leurs chevaux morts, harcelés sans cesse par les cavaliers cosaques, la Grande Armée est en déroute. Quand le 8 décembre, les débris de l'armée impériale refranchissent le Niémen, les pertes s'élèvent à 380 000 tués ou blessés, et 130 000 prisonniers – les derniers ne rentreront en France qu'en… 1852. Accablé par le nombre — une armée de plus de 700 000 soldats coalisés se bat contre la France — Napoléon est vaincu et abdique, en avril 1814. Louis XVIII, le frère de Louis XVI, rétablit la monarchie. C'est la première Restauration qui va vite mécontenter une grande majorité de Français et provoquer l'épisode des « Cent-Jours », le retour éphémère de Napoléon, avant le nouveau désastre de Waterloo.

***La retraite de Russie*, Bernard Édouard Swebach, 1838**

☞ 18 JUIN 1815

La défaite de WATERLOO

Le geste est héroïque, presque fou. Le fantassin écossais bondit dans les airs et se rue sur le cuirassier français désarçonné. À gauche, les deux cavaliers ennemis se sabrent à mort. La victoire sera celle de l'armée britannique commandée par le duc de Wellington, le 18 juin 1815 à Waterloo, dans la plaine belge. Les conséquences sont énormes : Napoléon est défait, un mois plus tard, il sera prisonnier. Les Anglais et les Prussiens sont aux portes de Paris. Le 8 juillet 1815, le roi Louis XVIII reprend possession du trône qu'il avait perdu trois mois plus tôt et dissout l'armée de l'empereur déchu. Les partisans de la royauté triomphent. C'est la restauration de la monarchie française. La scène représentée dans le tableau ne correspond pas

à la réalité, elle n'exista que dans l'imagination de l'artiste. En fait, ce 18 juin 1815, la fumée intense dégagée par les canons limitait la visibilité et donnait des hallucinations aux officiers. Les soldats, loin de virevolter, étaient fatigués par le poids de leur attirail (25 à 30 kilos) et les marches de toute une journée (40 à 50 kilomètres la veille). La nuit précédente, ils avaient dû dormir dans le froid glacial et les champs détrempés par la pluie. Ils s'étaient réveillés le ventre creux. Le tonnerre ne cessait de déranger les chevaux qui, à leur tour, réveillaient leur cavalier couché devant eux. Pendant le combat, le bruit de grêle des balles et le son puissant des salves d'artillerie assourdissaient les combattants. Enfin les Scots Greys, les cavaliers anglais en rouge, héros de ce tableau, n'avaient pas participé à une bataille depuis... 1794. Les plus impétueux d'entre eux, comme l'homme bondissant, kilt au vent, étaient le plus souvent excités par les fortes doses de gin. On est bien loin de la légende colportée depuis. La victoire du duc de Wellington, il le reconnaissait lui-même, tient plus aux circonstances : retard et manque de liaison chez les Français, sens opportun de l'attaque chez les Anglais, arrivée décisive des Prussiens. Mis bout à bout, ces événements ont provoqué la débandade de la Garde impériale, un des derniers symboles de la Révolution, l'ultime rempart de Napoléon contre le retour d'un roi en France.

***Waterloo*, Stanley Berkeley (1878-1909)**

☞ 27-29 JUILLET 1830
Les Trois GLORIEUSES

Après la chute de Napoléon, le frère cadet de Louis XVI monte sur le trône sous le nom de Louis XVIII. Affaibli par la vieillesse et la maladie, ce souverain plutôt modéré se laisse déborder par les « ultras », partisans du retour à l'Ancien Régime. Lorsque Louis XVIII meurt, son frère, le comte d'Artois, lui succède en 1824 sous le nom de Charles X. C'est un ennemi acharné de la Révolution. Entêté et dévot, il se rend vite impopulaire. Le 26 juillet 1830, il signe des ordonnances par lesquelles il dissout la Chambre des députés, supprime la liberté de la presse et modifie la loi électorale pour avantager les ultras. Le 27 juillet, journalistes, ouvriers, étudiants et bourgeois descendent dans la rue. Dans la nuit, ils élèvent des barricades. Le 28

juillet, ils prennent l'Hôtel de Ville. Le 29, ils s'emparent du Louvre et des Tuileries. Les troupes refusent de se battre contre eux. Les insurgés sont maîtres de Paris. Ces trois journées de révolution, menées tambour battant, sont appelées « les Trois Glorieuses ». Charles X est contraint de s'enfuir en Angleterre. Les députés choisissent pour roi un cousin éloigné de Charles X, Louis-Philippe, duc d'Orléans, connu pour ses opinions libérales. C'est lui que l'on voit à cheval, sur le tableau, au milieu des pavés descellés de la chaussée. Des gens de tous les milieux, des bourgeois avec leur chapeau haut de forme, des ouvriers en casquette, des soldats, des femmes l'entourent. Il s'agit de montrer que la nation tout entière est rassemblée autour de son souverain. (Il faut avouer que cette toile peinte par Horace Vernet a été commandée par Louis-Philippe.) Le roi est à cheval dans un beau costume d'apparat. En réalité, il préférait de beaucoup se promener incognito dans Paris, « en bourgeois », redingote noire et parapluie à la main. Louis-Philippe, le « roi-citoyen », comme on l'appelait, inaugurait un règne de 18 années. Un épisode décisif dans ce XIXe siècle si fertile en révoltes populaires. Celle-ci allait installer pourtant définitivement le règne de la grande bourgeoisie enrichie par l'essor de la finance et de l'industrie.

***Louis-Philippe, duc d'Orléans, nommé lieutenant général du royaume*, Horace Vernet, 1832**

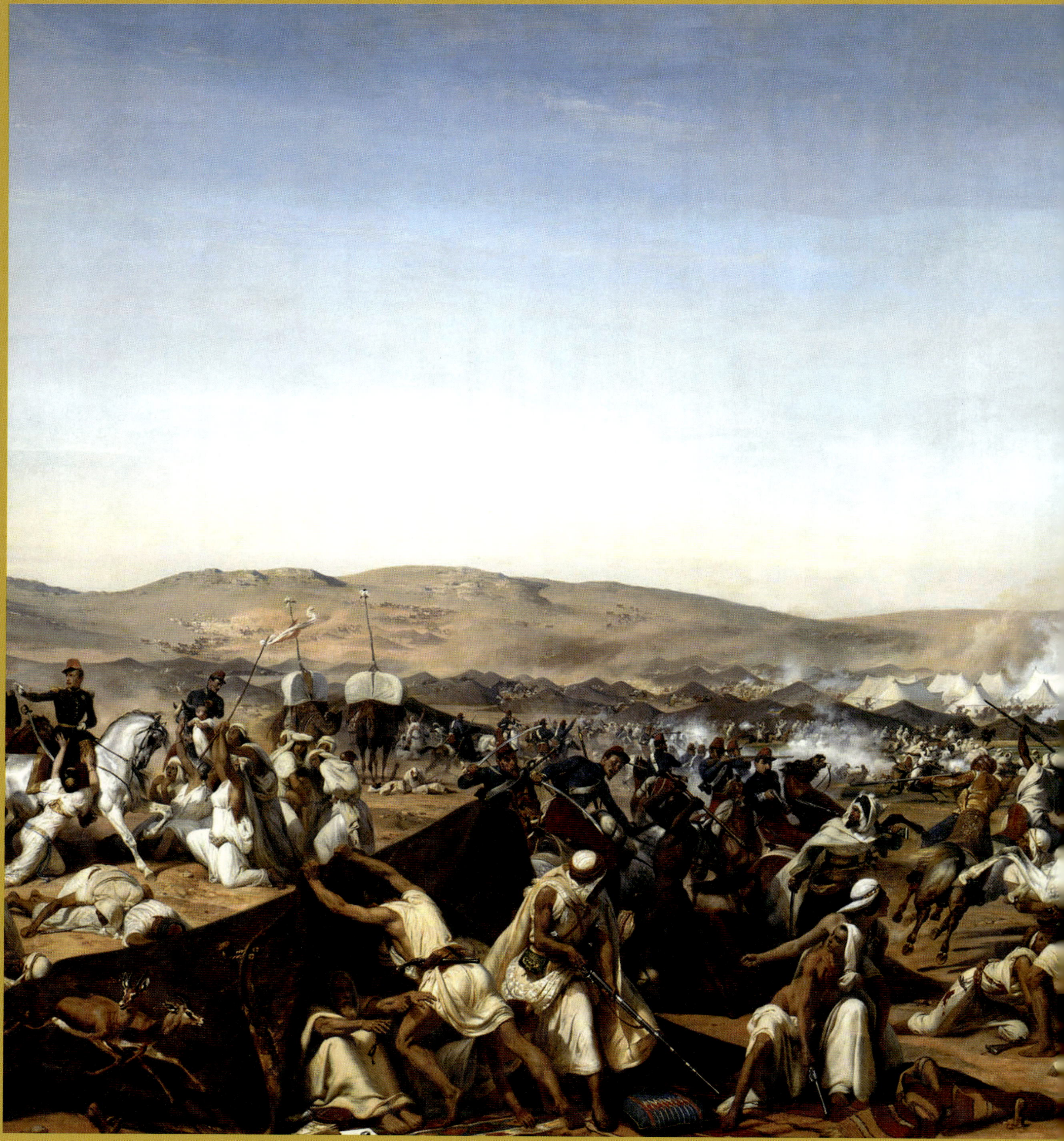

☛ 16 MAI 1843 La prise de LA SMALA d'Adb el-Kader

Le campement de tentes blanches visibles à l'horizon – une *smala* en arabe – abrite plus de 20 000 nomades, 12 000 chevaux, 3 000 mulets et autant de chameaux. Il s'agit d'une petite ville ambulante où travaillent maréchaux-ferrants, palefreniers, armuriers, de quoi vivre en autonomie avec des provisions de toutes sortes. L'émir Abd el-Kader, fin lettré, avait été proclamé sultan par les tribus de l'Ouest algérien en 1839. En guerrier avisé, il avait imaginé cette stratégie mobile pour déstabiliser les lourdes colonnes des Français. Il allait mener contre l'envahisseur chrétien une guerre sainte pendant près de quinze ans. La France de Louis-Philippe ne pouvait s'étendre en Europe depuis la chute

de Napoléon Ier et l'alliance des grandes puissances, Autriche, Russie, Angleterre… L'armée française avait alors opté pour l'aventure coloniale en débarquant en Algérie, dès 1830. Malgré la résistance des troupes de l'émir, les razzias sanglantes du maréchal Bugeaud et les cavaliers du duc d'Aumale auront raison des nomades. Ce 16 mai 1843, les Français chargent par surprise et massacrent des milliers de partisans d'Abd el-Kader. Le peintre Horace Vernet, dans cette toile gigantesque de 21 mètres de long (dont une partie seulement est présentée ici), a voulu montrer le caractère pittoresque de la smala. En réalité, l'émir est un érudit d'une grande piété et son campement, loin d'être désordonné, est organisé de manière complexe, selon la position des astres. Traqué, Abd el-Kader finit par se rendre. Incarcéré en France dans plusieurs lieux (château d'Amboise, Bordeaux, Marseille, Toulon…), il ne sera libéré qu'en 1852, par Napoléon III. Après la conquête vient le temps de la colonisation de l'Algérie, puis celle de l'Afrique de l'Ouest et de l'Indochine. Commence alors le grand malentendu entre des colonisateurs bâtisseurs et des peuples colonisés… il dure encore, malgré l'indépendance de ces pays dans les années 1950-1960.

***Prise de la Smala d'Abd el-Kader* (détail), Horace Vernet, 1843**

☛ 22-24 FÉVRIER 1848

La révolution de 1848

Le Palais-Royal brûle. Déjà le roi Louis-Philippe a pris les devants en s'enfuyant vers l'Angleterre. À Paris, la révolution de Février commence. L'année 1847 avait été mauvaise : faibles récoltes, prix élevé du pain, boulangeries pillées. Dans les nouvelles industries (textiles, mines ou bâtiment), les ouvriers surexploités et malades sont touchés par le chômage. Les idées républicaines et sociales se propagent, mais les réunions sont interdites. Des notables philanthropes imaginent alors d'organiser, dès l'été 1847, des « banquets » pour trinquer à « l'amélioration du sort des classes laborieuses ». L'interdiction d'un grand banquet final à Paris déclenche l'insurrection. Une fois de plus, la capitale se hérisse de barricades. Le 24

février, le roi abdique et un gouvernement provisoire proclame la République. L'ambiance est fraternelle. On chante « Chapeau bas devant la casquette, à genoux devant l'ouvrier ». Le 2 mars, le « suffrage universel » est proclamé. Auparavant, seuls les plus riches pouvaient voter. À présent tous les hommes âgés de plus de vingt et un ans le peuvent. Le 23 avril, les électeurs se forment en colonne, derrière le maire et le curé, précédés par le drapeau, la musique ou le tambour du garde champêtre, pour se rendre au chef-lieu de canton y élire leur député. La participation est très forte, plus de 500 républicains sont élus. Mais ce bel « esprit de 1848 » ne durera pas. Les républicains avaient promis du travail, des milliers de désœuvrés étaient accourus de province vers Paris pour s'enrôler dans des « Ateliers nationaux ». Mais il n'y a pas d'argent pour les payer… Ils errent et finissent par perdre toute confiance en la République. Au terme de trois journées de combats acharnés, des milliers de morts sont laissés sur le pavé. Le 4 novembre, une majorité écrasante élit, également au suffrage universel, le nouveau président de la République, l'inattendu Louis-Napoléon Bonaparte, futur empereur, candidat de l'ordre, loin devant les animateurs républicains des journées de 1848.

L'incendie du château d'eau au Palais-Royal,
Eugène Hagnauer, 1848

☛ 27 AVRIL 1848
L'abolition de L'ESCLAVAGE

Un esclave est un homme qui appartient à un autre, comme un objet. Il n'est pas libre d'aller et venir et ne reçoit en échange de son travail aucun salaire. Jusqu'à la révolution de 1848, 250 000 esclaves environ travaillaient dans les colonies françaises des Antilles et de Guyane dans les plantations de cannes à sucre. Un décret signé par le gouvernement provisoire, le 27 avril 1848, abolit l'esclavage et libère ces hommes. En Angleterre, l'abolition avait été votée dès 1833, mais aux États-Unis, dans le Sud, il fallut attendre 1865, 1888 au Brésil et… 1980 en Mauritanie. En France, le texte a été préparé par le républicain alsacien Victor Schœlcher, député de la Martinique. Il figure à gauche du tableau ceint de sa

ceinture tricolore, apothéose d'un combat de toute une vie pour l'abolition de cette cruelle pratique. Il en avait découvert la réalité lors d'un voyage aux « Isles », dès 1829, à l'âge de vingt-cinq ans. Comme s'il était une divinité, les Noirs se prosternent, d'autres remercient le ciel, tendant leurs fers brisés. À droite des femmes blanches de la bonne société martiniquaise réconfortent avec paternalisme une esclave reconnaissante, en larmes. Cette peinture d'une pieuse réconciliation, vite exposée l'année suivante, ne manqua pas de provoquer l'ironie d'une grande partie de la communauté des anciens esclaves. Ils estimaient avoir contribué eux aussi, par leurs combats, à arracher leur liberté. Mais, reconnaissants envers Victor Schœlcher pour son dévouement, les Martiniquais lui renouvelèrent leur confiance en le réélisant en 1871 et en 1875. Les esclaves libérés devinrent de libres travailleurs, mais leur dure condition de vie ne cessa pas pour autant : comme plus tard aux États-Unis, ils formèrent la cohorte des ouvriers à très bas salaires. Quant à Schœlcher, il poursuivit très vieux, jusqu'à la fin de sa vie en 1893, ses combats humanitaires pour l'amélioration du sort des femmes et celui des enfants, abandonnés, maltraités ou exploités au travail12 heures durant.

L'abolition de l'esclavage dans les colonies françaises,
François Auguste Biard (1798-1882)

☛ 1854-1856 La guerre de CRIMÉE

Pour asseoir son pouvoir et oublier le quotidien qui fâche, rien de tel que d'aller chercher la gloire à l'étranger grâce à une belle campagne militaire. Louis-Napoléon Bonaparte, neveu de l'ancien empereur des Français, sait qu'il doit renouer avec la légende de son oncle, Napoléon Ier. Homme de complots et de toutes les audaces, Louis-Napoléon utilise l'échec de la révolution de 1848, il ne sera ni le candidat des républicains ni celui des partisans d'un retour à la monarchie. Élu président de la République, il sera le « Prince-Président », puis l'auteur d'un coup d'État, le 2 décembre 1851. Lasse des troubles, la France, massivement paysanne et à l'écoute de ses notables, laisse faire. Devenu empereur un an plus tard

sous le nom de Napoléon III, il contrôle tout, la presse est muselée, les opposants sont emprisonnés. En fait, il se conduit comme son oncle, en homme autoritaire qui fait appel au peuple par des « plébiscites » en sa faveur. « L'empire c'est la paix ! » a-t-il coutume de dire. Mais le second Empire comme le premier a conduit à la guerre. Napoléon III voulait refondre l'Europe que les rois avaient retaillée en 1815, à la chute de son oncle. En mai 1853, il offre son appui à l'Angleterre, car les deux pays redoutent de voir la Russie devenir trop puissante en Orient et lui déclarent la guerre. La Russie venait d'attaquer la Turquie pour s'emparer de Constantinople. La guerre de Crimée commence, l'été 1854, sur les rives de la mer Noire, elle va durer deux ans. Le tableau montre un épisode de ce conflit. C'est l'hiver, interminable, la lassitude se lit dans la posture de ces hommes. L'opinion saisit mal l'intérêt de cette expédition qui verra la mort de 95 000 soldats français. La France connaît un succès de façade, l'Angleterre seule tire les avantages de la victoire contre les Russes. Tout au long de son règne, Napoléon III intervient à l'extérieur, en Italie où il favorise l'unité de la Péninsule, au Mexique pour une pitoyable équipée, contre l'Allemagne enfin, mais la défaite foudroyante de 1870, contre les Prussiens, le contraint à l'exil.

***Siège de Sébastopol*, Alphonse de Neuville, 1861**

☛ 1ER AVRIL 1867

Napoléon III à L'EXPOSITION UNIVERSELLE

Comme un mirage, la scène ne montre pas grand-chose de la réalité de cette année 1867, mais Napoléon III y figure, au centre de la chevauchée des souverains, tel un César triomphant. À ses côtés, Alexandre, le tsar russe, un aigle sur son casque, et Guillaume, le roi de Prusse, une pointe sur le sien. Il s'agit bien d'une image officielle, à la gloire du second Empire, lors de l'inauguration de l'Exposition universelle le 1er avril 1867. À cette date, la révolution industrielle bouleverse le pays, les chemins de fer atteignent les campagnes. L'empereur l'avait promis, « vous pourrez déjeuner à votre réveil avec du lait venu de Falaise, en Normandie, et des petits pois de Perpignan ». À Paris, le baron Haussmann détruit les quartiers

insalubres, perce de grandes avenues. On construit des égouts à Marseille comme à Lyon. À la campagne, on défriche les dernières landes et forêts. La condition des paysans s'améliore, ils mangent plus de viande et de sucre. Mais surtout l'industrie triomphe et, avec l'essor du commerce, les grands magasins naissent. Cette troisième Exposition universelle réalisée en France va durer six mois, accueillir 52 000 exposants et plus de 6 millions de visiteurs. On y montre toutes sortes d'innovations rassemblées à Auteuil sous une halle de 40 000 m^2 : des rotatives capables d'imprimer 20 000 exemplaires de journaux à l'heure, des locomotives à vapeur dernier modèle, un ascenseur hydraulique et même des logements ouvriers. Napoléon III, comme certains de ses ministres, est sensible à la désastreuse condition ouvrière de son époque. En 1854, la dernière grande épidémie de choléra avait fait 145 000 victimes. Plus social qu'au début de son règne, l'empereur a même, le 25 mai 1864, accordé le droit de grève, sous certaines conditions. Mais en 1867, les nuages commencent à obscurcir l'horizon. La Prusse vient de mettre en déroute l'armée autrichienne à Sadowa. Une puissance militaire de plus en plus redoutable s'affirme ainsi à l'est, elle n'a pas fini de faire parler d'elle !

***Les souverains venus à Paris pour l'Exposition universelle*, Charles Porion (1814-?)**

En quelques semaines, au mois d'août 1870, la France perd la guerre contre la Prusse et ses alliés allemands. Toute son armée capitule à Sedan. Napoléon III est fait prisonnier. Le 4 septembre, la République est proclamée. Aux termes de cette lamentable campagne, la France humiliée sera amputée de l'Alsace et d'une partie de la Lorraine. Elle devra payer 5 milliards à ce qui, en janvier 1871, est devenu un puissant empire. Car la débâcle française a rendu possible l'unité des Allemands autrefois divisés en de multiples principautés dont le seul ciment était la langue. Dès l'été, tout part mal, le contingent français a été réduit un mois plus tôt. Les Allemands au contraire alignent le double de soldats, leur service militaire est obligatoire, leurs officiers sont mieux formés et leur artillerie plus puissante. L'armée française n'est pas prête. En moins d'un mois, encerclée, prisonnière dans Metz et Sedan, elle est défaite. On est bien loin de l'héroïque fait d'arme – la défense du village de Bazeilles, près de Sedan – peint par Alphonse de Neuville et représenté ici. Mais il fallait, après le désastre de 1870, montrer aux enfants la bravoure de ces soldats de l'infanterie coloniale brûlant leurs « dernières cartouches » et ne pliant que sous la pression du nombre des envahisseurs. Cette imagerie entretiendra pendant des générations l'idée de la revanche pour le retour des provinces perdues. L'unanimité observée, le jour de l'entrée en guerre d'août 1914, en témoignera 44 ans plus tard.

☛ **19 JUILLET 1870**

La guerre avec

LA PRUSSE

Pourtant le prétexte à ce qui allait devenir la grande rivalité entre la France et l'Allemagne – elle durera jusqu'en 1945 – était des plus ridicules. Il s'agissait d'une obscure affaire de succession à la couronne d'Espagne avec un prétendant prussien dont Napoléon III ne voulait pas parce qu'il craignait, à juste titre, d'être encerclé par une même puissance, à l'est comme au sud du pays. Tout va très vite, début juillet 1870. De provocations en bravades et fausses dépêches, le conflit éclate. En réalité, la guerre est une aubaine pour le chancelier prussien Otto von Bismarck, militant acharné de l'unification de L'Allemagne. La France était tombée dans le panneau.

***La dernière cartouche*, Alphonse de Neuville, 1873**

☛ 18 MARS–29 MAI 1871

LA COMMUNE

de Paris

Elle s'appelait Louise Michel... Dans le regard farouche de cette femme aux cheveux défaits se lit un des drames de l'histoire de France : en 1870, la défaite face à la Prusse, bientôt devenu l'empire allemand. Cette humiliation nationale est suivie, en 1871, de la révolte désespérée du peuple parisien, matée en une semaine par des soldats venus de Versailles. Ainsi, sous le regard de l'armée allemande encerclant la capitale se déroulait une guerre civile entre Français. Le tout allait s'achever par une répression atroce et la mort de 20 000 Parisiens, avec parmi eux, nombre de femmes et d'enfants. Louise Michel est directrice d'une école pour jeunes filles à Montmartre et fervente militante de l'émancipation des femmes. Ambulancière pendant la

guerre de 1870, elle répond aux appels de la « Commune » de Paris, le gouvernement insurgé, formé le 6 janvier 1871, avec mission de poursuivre la guerre contre l'Allemagne. Les dirigeants français repliés à Versailles avaient signé la paix, suivant ainsi la prudence d'une grande partie du pays encore très conservateur et paysan. Par peur des ouvriers, la « canaille » comme disaient les gens riches, le pouvoir, inquiet de la tournure des événements parisiens, décide de faire un exemple en écrasant durement la rébellion. Louise Michel est une des figures de la Commune. L'image de gauche la montre haranguant ses compagnons. Elle avait fait le coup de feu sur les barricades. Sur l'image de droite, elle est arrêtée par les gendarmes. La militante sera condamnée à la déportation perpétuelle en Nouvelle-Calédonie. Mais la Commune de Paris ne peut se résumer à cette « semaine sanglante », du 21 au 29 mai 1871. Pendant les soixante jours de sa courte existence, elle accomplit autant sinon plus que ses successeurs en trente ans : elle prône l'instruction laïque, gratuite et obligatoire pour les garçons et les filles, elle crée des écoles professionnelles, des coopératives. Mais les excès de certains révolutionnaires – exécutions sommaires et incendies de bâtiments publics – masqueront longtemps la générosité de la majorité des communards.

***Louise Michel parlant aux communards*, Jules Girardet (1856-?)**
***L'arrestation de Louise Michel*, Jules Girardet (1856-?)**

☛ 28 MARS 1882

L'ÉCOLE

gratuite et obligatoire

Au premier coup d'œil, rien n'a vraiment changé : des enfants plus ou moins appliqués dans une salle de classe avec leur institutrice. Mais en réalité l'école a bien évolué depuis un siècle. Le tableau ne montre encore que des petits garçons, les classes « mixtes » viendront bien plus tard (dans les années 1960). Le matériel n'est pas le même non plus : la plume, l'encrier, l'ardoise, le banc unique, le tablier… Mais au fond, l'important est ailleurs. Depuis le 28 mars 1882, l'enseignement primaire est « obligatoire, laïque et gratuit » pour tous les enfants de six à treize ans. La loi proposée par le ministre de « l'Instruction publique », Jules Ferry, est d'une importance considérable pour les millions de petits paysans ou d'enfants des classes

populaires. Ils ne pouvaient fréquenter – quand leurs parents le souhaitaient ou en avaient les moyens – que des écoles chrétiennes ou des écoles publiques où l'on enseignait le catéchisme. En ce temps-là, les enfants du peuple étaient souvent aux champs (surtout au temps des moissons) ou à l'atelier, pour aider leurs parents. L'instruction – savoir lire, écrire et compter correctement, connaître un peu l'histoire ou la géographie de son pays, étudier la nature par des « leçons de choses » – n'allait pas de soi. La jeune République rendit donc ces apprentissages « obligatoires », nul ne pouvait s'y soustraire. Pour les parents récalcitrants, le nom de la famille était affiché à la porte de la mairie afin de leur faire honte. Il fallait en conséquence rendre l'école « gratuite », pour que tous, même les plus pauvres, puissent en bénéficier. Enfin, le mot « laïque » signifie que cet enseignement n'est pas religieux, ce qui ne l'empêche pas d'avoir une « morale » de bonne conduite et d'hygiène corporelle. Mais l'écrasante majorité de ces enfants ne passeront pas dans le secondaire ; une fois leur « certificat d'études » en poche, ils apprendront des métiers manuels. Seuls les « boursiers » méritants rejoindront les bancs des collèges et lycées, occupés massivement par les enfants favorisés de la bourgeoisie.

***En classe*, Jules-Jean Geoffroy (1853-1924)**

☛ 1894 L'affaire DREYFUS divise la France

En ce temps-là, les familles se déchiraient, les amis de toujours ne se parlaient plus, la simple évocation du nom de Dreyfus provoquait des débats acharnés, on en venait aux poings : le destin de ce capitaine coupait le pays en deux. Il y avait les dreyfusards et les antidreyfusards. On le voit sur ces gravures colorées, l'officier dégradé puis emprisonné, après sa condamnation au bagne pour trahison, le 22 décembre 1894. En fait, le capitaine Dreyfus était innocent. De quelle machination a-t-il été la victime ? Alfred Dreyfus est un brillant officier d'artillerie, un Alsacien d'origine juive, stagiaire à l'état-major. Au mois de septembre 1894, un document secret, découvert à l'ambassade d'Allemagne à Paris, laisse

supposer qu'il existe un traître dans l'armée française. Après une enquête sommaire, ce document est attribué au jeune capitaine. Le tribunal militaire, sur la base de faux documents, condamne Dreyfus à la déportation à vie en Guyane. La découverte du véritable traître en mars 1896 fait rebondir toute l'affaire. Mais l'état-major de l'armée ne veut pas le savoir et de nouveaux faux documents viennent accabler Alfred Dreyfus. De surcroît, de violentes campagnes menées contre les Juifs, accusés de tous les maux par les antisémites, viennent aggraver le climat malsain qui règne dans le pays. L'opinion est divisée, entre ceux qui défendent les « Droits de l'homme » et ceux qui protègent l'« Honneur de l'armée ». Parmi ceux qui ont la conviction que Dreyfus est innocent, un officier français, le capitaine Picquart, qui dévoilera toute la machination, et le grand écrivain Émile Zola. L'affaire Dreyfus est désormais connue dans le monde entier. Les événements se précipitent en faveur de Dreyfus quand le colonel Henry, auteur de nombreux faux documents, reconnaît ses forfaits et se suicide en août 1898. Mais il faudra attendre encore de longues années pour que le capitaine Dreyfus soit définitivement reconnu innocent et réintégré dans l'armée, en juillet 1906.

***Dégradation d'Alfred Dreyfus*, Henri Meyer, 1895**
***Alfred Dreyfus en prison*, Lionel Roxer, 1895**

☛ SEPTEMBRE 1899

LA GRÈVE au Creusot

Comme les individus, les sociétés vivent des moments difficiles, des périodes de dépression. Les affaires vont de travers. Certains en profitent, mais la plupart des gens perdent de l'argent. Parmi eux, les ouvriers sont les premiers touchés par la grande dépression économique qui marque la fin du XIXe siècle. Le tableau illustre leur combat. Le drapeau tricolore indique qu'ils croient encore aux vertus de la République. Mais parfois les manifestants s'arrangent pour le transformer en drapeau rouge (drapeau de la révolte), en le roulant aux deux tiers. Le lieu aussi est un symbole : les usines sidérurgiques et les mines de charbon du Creusot, la propriété des frères Schneider, un des plus grands sites industriels d'Europe. Des milliers d'ouvriers sont employés dans cette ville située au centre de la France. Ici, dans le fracas étourdissant des machines, brillent les feux de centaines de forges. On y fabrique des canons mais aussi des locomotives et des bateaux à vapeur. Mais en ce mois de septembre 1899, les ouvriers décident de faire grève, d'arrêter les machines pour réclamer des salaires et des conditions de vie décents. Femmes et enfants travaillent aux usines comme les hommes, tous confondus. Ils défilent le visage grave. Dans ces années 1880-1890, comme aujourd'hui, le chômage frappe la population : un ouvrier sur cinq dans la transformation des métaux, un sur dix dans les mines. Comme aujourd'hui aussi, la « mondialisation » de l'économie pénalise des industries en

concurrence avec des produits étrangers moins chers. Un fusil fabriqué à Saint-Étienne, par exemple, vaut presque le double que la même arme fabriquée en Belgique. Alors, les ateliers ferment, les ouvriers menacés de perdre leur emploi arrêtent le travail. Le 1er mai 1891, les soldats tirent sur les grévistes de Fourmies, dans le Nord, qui réclament de moins longues journées de travail. Mais la France républicaine est encore un pays de petits propriétaires paysans que les « questions sociales » et le bien-être des ouvriers préoccupent peu. Il faudra attendre 1910 pour prévoir une retraite ouvrière… vingt ans après l'Allemagne, pourtant dirigée par un empereur fort conservateur.

***La grève au Creusot*, Jules Adler, 1899**

☛ 4 AOÛT 1914

LE DÉPART

à la guerre

« C'est la guerre ! » Partout en France, le cri se répète. Les hommes par millions désertent leurs champs, laissent les outils à l'atelier, quittent leurs proches pour une guerre qui s'annonce courte. Il leur faut « défendre la patrie », et récupérer enfin les provinces d'Alsace-Lorraine, perdues depuis la défaite calamiteuse contre la Prusse en 1870. Tout a commencé un mois plus tôt, le 28 juin 1914, par l'assassinat de François-Ferdinand, prince héritier d'Autriche, mort sous les balles d'un étudiant serbe. À la suite d'un jeu compliqué d'alliances, les grandes nations d'Europe se déclarent mutuellement la guerre : l'Autriche à la Serbie, la Russie à l'Allemagne, l'Allemagne à la France (le 3 août). De toutes les provinces, les jeunes

gens mobilisés affluent vers les capitales. Le tableau montre un départ à la gare de l'Est. Au centre, un homme, encore en costume civil, les bras tendus vers le ciel incarne cet enthousiasme : l'artiste a représenté ainsi son fils… tué au combat le 13 juin 1918. Mais un voile plane sur ce grand tableau que l'on peut admirer encore aujourd'hui gare de l'Est, à Paris. Les visages tristes des familles contrastent avec la ferveur des jeunes mobilisés, comme si les horreurs des combats s'annonçaient déjà. Dans quelques semaines, une grande partie de ces soldats vont mourir par dizaines de milliers, fauchés par les mitrailleuses. Tous ont été trahis par leur équipement inadapté : pantalon rouge, casquette légère, longue baïonnette pour des charges rapides comme les fantassins de Napoléon. L'hiver venu, dans les deux camps, les soldats s'enterrent dans les tranchées, leur uniforme devenu « bleu horizon » est mieux adapté, mais rien n'empêchera le massacre de se poursuivre. Chaque offensive, hachée par les bombardements de barrages, cloue par milliers les soldats au sol. À l'issue de la Première Guerre mondiale, 8,5 millions d'Européens sont morts, mais plus du double, 16 à 17 millions, périront entre 1939 et 1945, lors du second conflit mondial déclenché par l'Allemagne nazie, comme une gigantesque revanche de la défaite de 1918.

***Août 1914* (détail), Albert Herter, 1926**

TABLE DES ILLUSTRATIONS

Page 89 *Alfred Dreyfus en prison*, Lionel Roxer, 1895 (gravure du *Petit Journal*). Collection privée. © PHOTO BRIDGEMAN GIRAUDON.

Page 90/91
La Grève au Creusot, Jules Adler, 1899, (2,31 x 3,02 m). Ecomusée de la communauté Le Creusot/Montceau, Le Creusot. © PHOTO RMN BULLOZ. © ADAGP, PARIS 2007.

Pages 92/93
Août 1914, Albert Herter, 1926. Salle des départs, gare de l'Est, Paris. © CENTRE DES MONUMENTS NATIONAUX.

FRISE

Quelques grandes dates, de gauche à droite :
- *Vercingétorix jette ses armes aux pieds de Jules César*, voir p. 6/7
- *Le baptême de Clovis*, voir p. 8
- *La bataille de Poitiers*, voir p. 10/11
- *Charlemagne traverse les Alpes pour aller combattre Didier roi des Lombards*, voir p. 12/13
- *Le comte Eudes défend Paris contre les Normands*, voir p. 14/15
- *La ville de Ptolémaïs remise à Philippe Auguste et Richard Cœur de Lion*, voir p. 18/19
- *Philippe Auguste à la bataille de Bouvines*, voir p. 20/21
- *Saint Louis et le dit d'Amiens*, voir p. 22/23
- *Le prévôt des marchands Étienne Marcel et le dauphin Charles*, voir p. 24/25
- *Jeanne d'Arc entre à Orléans le 8 mai 1429* (détail), Jean-Jacques Scherrer (1855-1916). Musée des Beaux-Arts d'Orléans. © PHOTO BRIDGEMAN GIRAUDON.
- *François Ier armé chevalier par Bayard*, voir p. 32/33
- *La Saint-Barthélemy*, voir p. 34
- *Assassinat d'Henri IV*, voir p. 36
- *Richelieu au siège de La Rochelle*, voir p. 38/39
- *Mathieu Molé résistant aux factieux*, voir p. 40/41
- *L'accueil du Grand Condé à Versailles*, voir p. 44/45
- *La prise de la Bastille*, voir p. 50/51
- *Sacre de Napoléon*, voir p. 62/63
- *L'incendie du château d'eau au Palais-Royal*, voir p. 74/75
- *L'abolition de l'esclavage dans les colonies françaises*, voir p. 76/77
- *La dernière cartouche*, voir p. 82/83
- *Louise Michel parlant aux communards*, voir p. 84
- *En classe, le travail des petits*, voir p. 86/87
- *Aux éparges, soldats enterrant leurs camarades au clair de lune 1915*, Georges Paul Leroux (1877-1957) (1,83 x 2,62 m). Versailles, châteaux de Versailles et de Trianon. © PHOTO RMN.

Quelques personnages, de gauche à droite :
- *Vercingétorix jette ses armes aux pieds de Jules César*, voir p. 6/7
- *Clovis, roi des Francs*, voir p. 9
- *Charlemagne traverse les Alpes pour aller combattre Didier roi des Lombards*, voir p. 12/13
- *Philippe Auguste à la bataille de Bouvines*, voir p. 20/21
- *Saint-Louis et le dit d'Amiens*, voir p. 22/23
- *La Bataille de Mons-en-Puelle, remportée par Philippe le Bel*, voir couv
- *Jeanne d'Arc entre à Orléans le 8 mai 1429* (détail), Jean-Jacques Scherrer (1855-1916), musée des Beaux-Arts d'Orléans. ©PHOTO BRIDGEMAN GIRAUDON
- *François Ier armé chevalier par Bayard*, voir p. 32/33
- *Assassinat d'Henri IV*, voir p. 36
- *Richelieu au siège de La Rochelle*, voir p. 38/39
- *Prise de Valenciennes par le roi Louis XIV le 17 mars 1677*, Jean Alaux dit Le Romain, 1837 (4,15 x 4,65 m). ©PHOTO RMN/BULLOZ
- *Charlotte Corday*, p. 54
- *Mort du général Desaix à la bataille de Marengo le 14 juin 1800*, Jean Broc (1771-1850) (3,22 x 4,50 m). Versailles, châteaux de Versailles et de Trianon. ©PHOTO RMN
- *Louis-Philippe, duc d'Orléans, nommé lieutenant général du royaume, quitte à cheval le Palais Royal, pour se rendre à l'hôtel de ville de Paris, le 31 juillet 1830 - épisode de la Révolution de 1830*, voir p. 68/69
- *L'abolition de l'esclavage dans les colonies françaises*, voir p. 76/77
- *Les souverains venus à Paris pour l'Exposition universelle*, voir p. 80/81
- *Louise Michel parlant aux communards*, voir p. 84
- *Août 1914*, voir p. 92/93

Direction éditoriale
Thomas Dartige

Édition
Anne-Flore Durand

Conception graphique
Loïc Le Gall

Iconographie
Béatrice Fontanel

Préparation et correction
Isabelle Haffen
Éliane Rizo

Fabrication
Christophe de Mullenheim

Photogravure
IGS (Angoulême)